わが人生 18

◉染織五芸池田企画代表

池田喜政

きもののちから

髙島屋の呉服と歩んだ50年

神奈川新聞社

きものを愛し、きもののともに生きる筆者

きものとアートの競演を演出

高島屋美術部創設100年を記念した上品會の展覧会の一環として、2007年には「過去」をテーマに明治時代の名作をモチーフとした「雪月花」の作品を企画・制作・販売（詳細は本文p149、150参照）

山本春挙「ロッキーの雪」（1905）

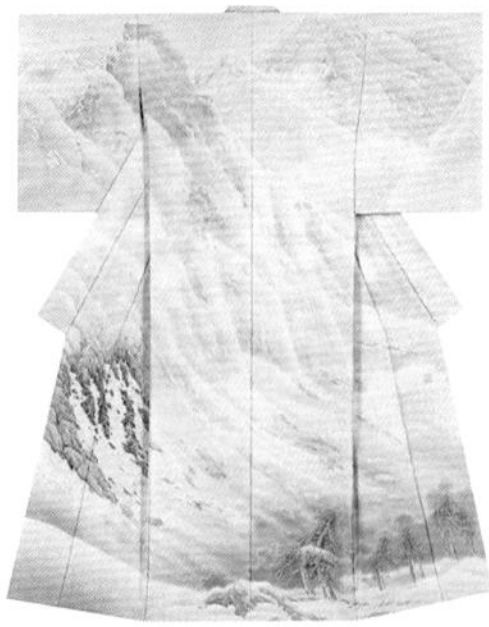

「ロッキー新雪」千總

「ロッキー蒼天」川島

竹内栖鳳「ヴェニスの月」（1904）

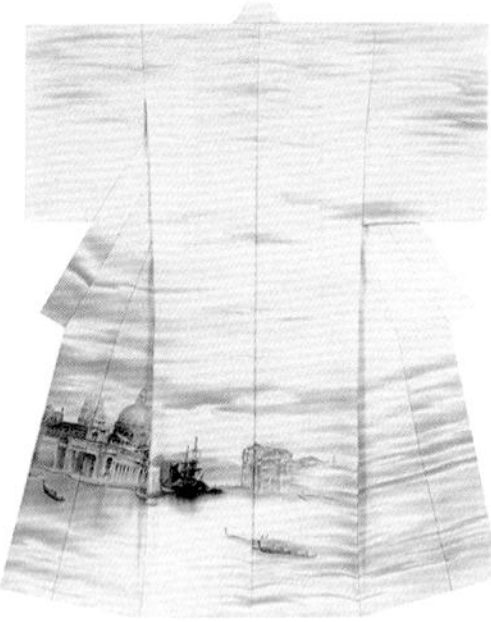

「ヴェニス旅情」矢代仁

「ヴェニス夕景」川島

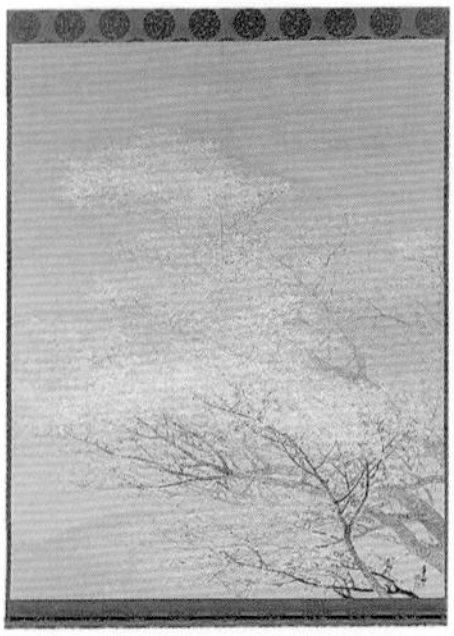

都路華香「吉野の桜」（1903）

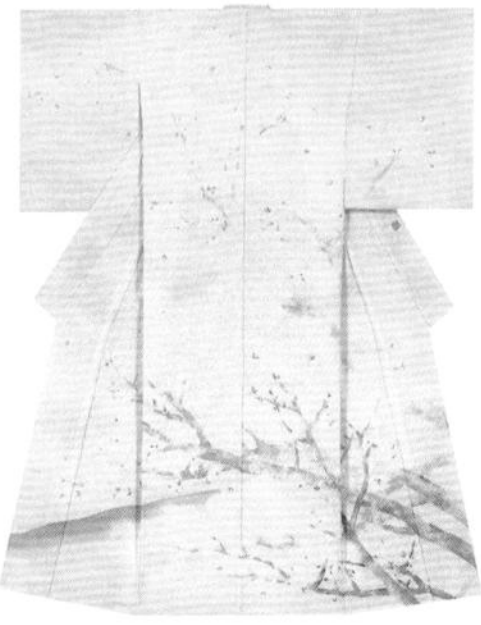

「春爛漫」大羊居

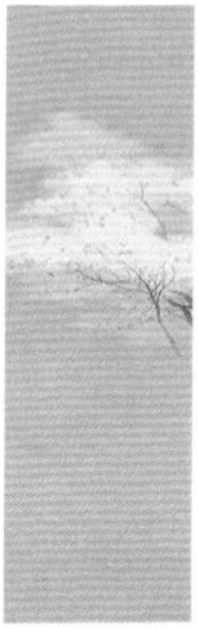

「吉野寒桜」岩田

先達から受け継ぐ知識と経験

京友禅に関するトークショー（六本木アリーナホール）で〝きもの〟の師・木村たか先生（中）、千總の仲田保司社長と「きもの愛」を語る＝2015年6月20日

芭蕉布の第一人者・平良敏子さん（中央）の白寿記念作品展に出席した琉球紅型の城間栄順さん(左)と筆者。那覇市の識名園にて＝2019年3月19日

染め帷子の「茶屋辻」で知られる５代田畑喜八さん（右から2人目）の瀟湘八景の原風景を求める旅に同行、中国湖南省の洞庭湖を訪れ、湖岸の岳陽楼の前に立つ＝2004年8月

きものを世界に伝える活動

浴衣を通じて日本文化を紹介するボランティア活動で高島屋のボエアンティアスタッフとともにベトナムのハノイを訪問＝2015年

ベトナム・ホーチミンで開催したゆかた文化交流会。カメラに納まりきれないほどの人が集まる大盛況＝2016年

イベントを通じて神奈川とベトナム両地域の相互理会を深めるKANAGAEA FESTIVAL in HANOI 2019に黒岩祐治・神奈川県知事（左から4人目）とともに参加。ハノイ市リータイトー公園＝2019年11月

上海で開かれた第1回中国国際輸入博覧会で高島屋の本木茂社長（当時）らとともに日本のきもの文化を紹介＝2018年11月

タイ・バンコクのサイアム高島屋で日本の婚礼衣装を紹介＝2018年11月

中国蘇州市の呉江（ウージャン）で京都の染織について解説

きものを学ぶ、知る活動

山岸幸一さんの「紅花寒染め」。烏梅の媒染液を入れた瞬間、真綿糸が真っ赤に染まる

紅花寒染めで知られる山岸幸一さんの工房・赤崩草木染研究所（山形県米沢市大字赤崩）を研修のために訪問

結城市伝統工芸館でユネスコ無形文化遺産に認定されている「結城紬」の歴史や技術を学ぶ

国産繭を守る取り組み

純国産きもの「誰が袖好み」のための繭を育ててくれる南那須の養蚕家・藤田久男さん（前列左から3人目）を尋ねる＝2004年

蚕糸業の発展への貢献が認められ「一般財団法人大日本蚕糸会蚕糸功労者表彰」を受けた筆者（右）と三越の田口隆男さん（左）。中央は大日本蚕糸会の高木賢会頭＝2014年9月26日

国産繭の生産継続のため、高島屋のバイヤーらと桑の木を植樹

経験と知識を次世代に伝える

織田きもの専門学校（東京都中野区）で講師を務める筆者。
きものに関わる仕事に就くことを目指す若者を応援

織田きもの専門学校の講師
として新宿高島屋でマーケ
ティング講座を開催

新宿高島屋で開催された勉強会。絹糸と綿糸の違いについて分かりやすく語る

城間びんがた工房（沖縄県那覇市）での勉強会。現地の若手染色家たちに市場や流行の動向を伝える

横浜生まれの横浜育ち

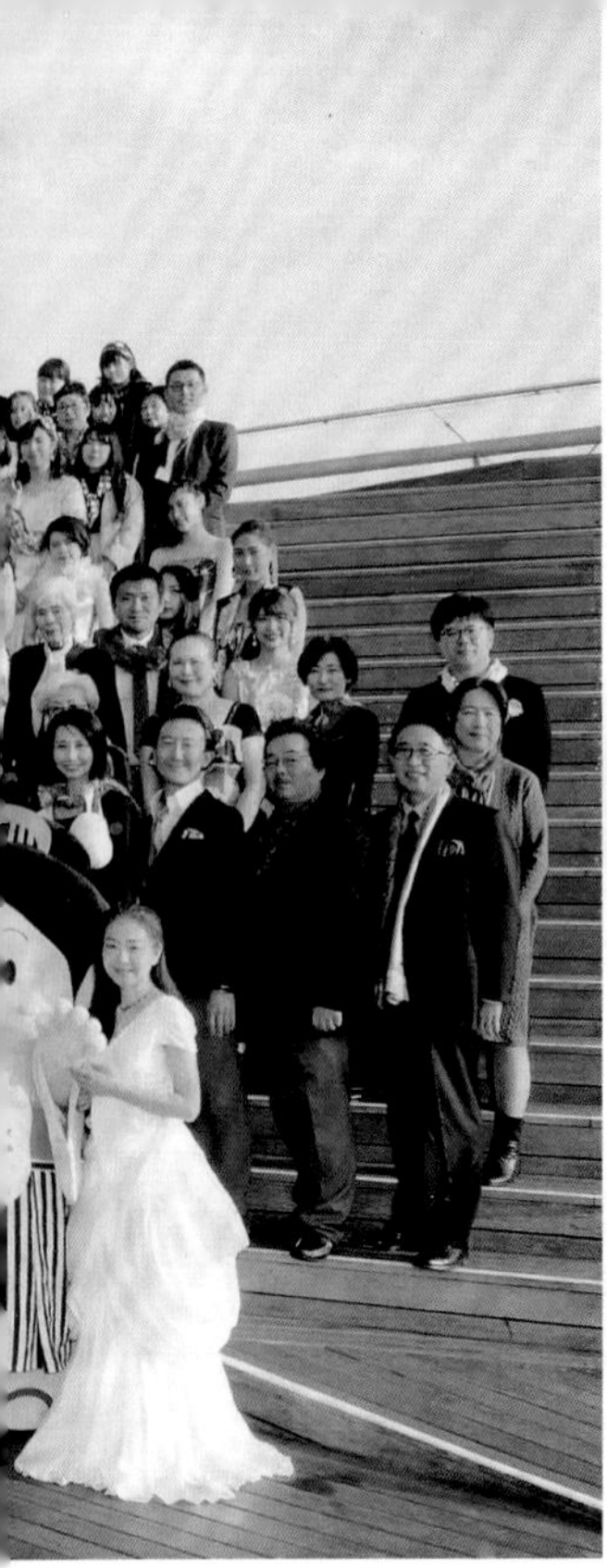

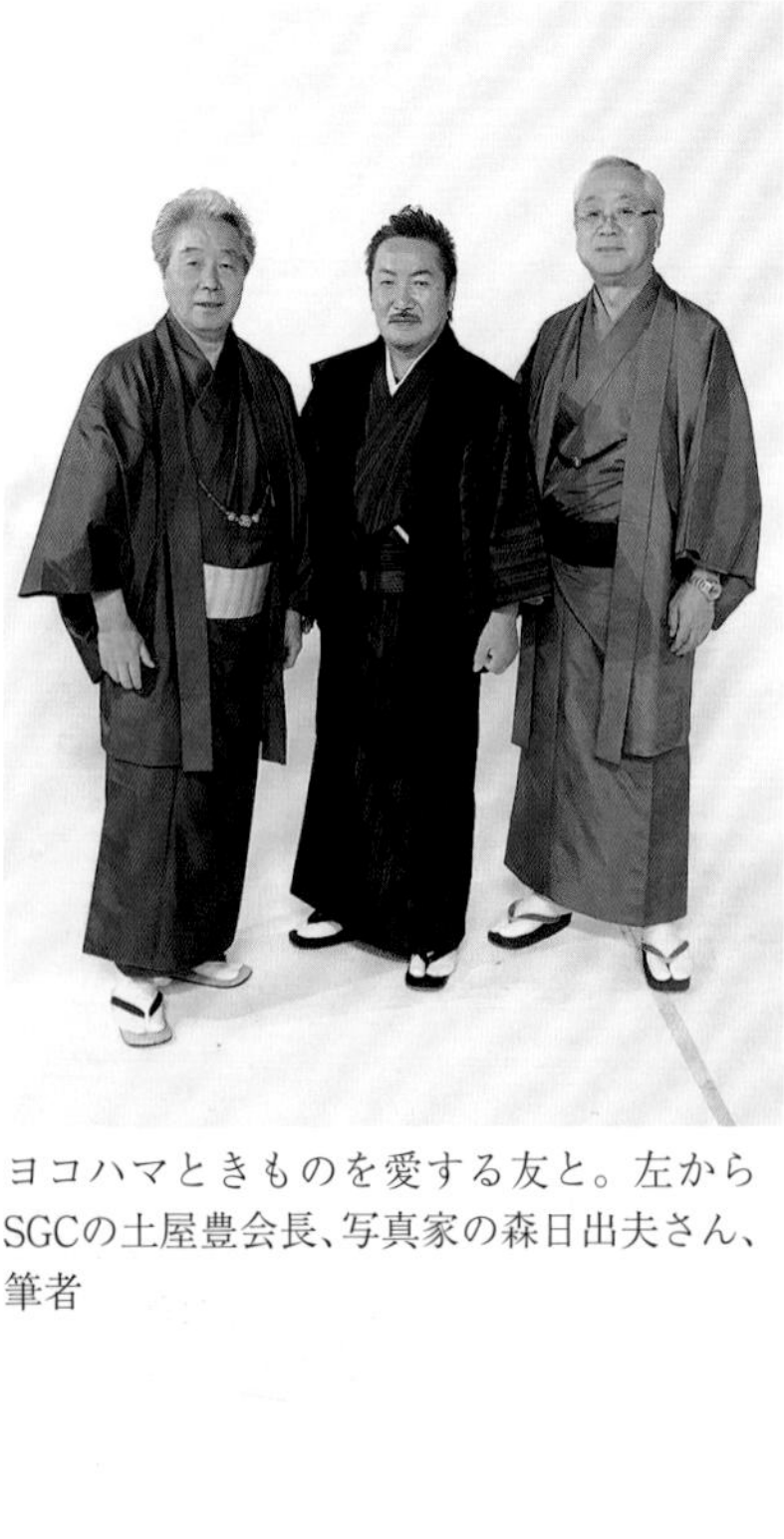

ヨコハマときものを愛する友と。左から
SGCの土屋豊会長、写真家の森日出夫さん、
筆者

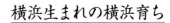

2016年から続く「横浜絹フェスティバル」は、数え切れないほど多くの仲間に支えられて開催されている

ザ・ゴールデン・カップスの時代、輝ける60年代ヨコハマを知る大切な仲間たち。左から、筆者、サリー（佐藤和代）さん、吉野祥江さん、エディ潘さん、浅野順子さん、佐藤邦夫さん、ミッキー吉野さん

わが町、わが家族

家族で七五三を祝う。後列は筆者と妻典子、前列は長女華子、次女文香

高島屋の純国産きもの「誰《た》が袖好み」を着る長女華子

甥の結婚を祝う。左から兄·喜信、父政與、兄の息子・愛、筆者

私の原点〝上野町〟には今も昔ながらの人情が残る

目　次

本書は神奈川新聞「わが人生」欄に2019年（平成31）年3月1日から5月31日まで、62回にわたって連載されたものに加筆・修正しました。

はじめに　～きものとともに50年～

私は定年まで高島屋一筋で過ごした一介のサラリーマン。そのため、神奈川新聞の『わが人生』の連載を打診された当初は冗談だと思っていました。ところが「池田さんの話は面白い」と持ち上げられ、頼まれると断れない性格からつい引き受けてしまったのです。「読んでもらえるのだろうか」という不安でいっぱいでしたが、実は「平成」という時代が終わる2019（平成31）年の春は、私が高島屋に入社してから、ちょうど50年目の節目の年に当たっていました。それで、これも何かの縁だと自らに言い聞かせ、少しずつ書き進めてみることにしたのです。

1970（昭和45）年3月、県立横浜立野高校を卒業し、当時は高島屋とは別会社だった横浜高島屋に入社した私は、希望とは異なる「呉服」を扱う部署に配属されました。何も分からず、言われたことをやるしかない毎日の中で考えたのは、少しでも仕事を楽しくやろうということです。

人生は思い通りにはならないもの。本当にやりたい仕事に就ける人は限られています。たとえ最初は自分の意志にそぐわない仕事や立場であっても、真剣に向き合えばその仕事が好きになれる。そして、好きになればたいていのことには耐えられます。

おかげできものが大好きになり、きものに象徴される日本文化の素晴らしさに、大きな誇りや魅力を感じるようになりました。そのため、本書では、和服、和装、呉服全般について、単に「着る物」としての「着物」ではないという思いを込めて「きもの」と表記しています。

また、私たちは日頃「袖すり合うも他生の縁」など、きものに関わる言葉やことわざを使っていますが、それもきものの文化が日本人の暮らしに深く根づいているからではないでしょうか。

私が今も私がきものに関わる日々を過ごしていられるのは、きものの仕事を通して出会った人々に助けられ、育てられてきたおかげです。本書には、長くきものに携わってきた者として、きものへの思いとお世話になった全国のきもの関係者や諸先輩方への感謝を込めました。

2020年　春

池田喜政

第1章　つながるちから

横浜発展の礎は「絹」にあり

私は長くきものに関わる仕事に携わってきましたが、その秘めた「ちから」に気づかされたのはサラリーマンとしての一線を退いてからのような気がします。

それは例えば、２０１９（令和元）年11月22日から24日まで横浜市の中区・西区の各地で開催された「横浜絹フェスティバル」（絹フェス）というイベントに象徴されます。私は実行委員会の事務局長として企画段階から関わりましたが、新聞や観光関係のホームページなどで紹介された効果もあって、多くの来場者がありました。

この「絹フェス」は実は19（令和元）年が４回目。というのも長年きものに関わってきた私はいつの間にか、かつて絹貿易で栄えた横浜の歴史や絹の魅力をもっと知ってほしい、絹を通じて横浜を盛り上げたい、そのために何かできることはないだろうか、と考えるようになりました。

そんな私の思いに応えてくれたのが、横浜繊維振興会会長でもあり、繊維商社として１１０年を超える歴史を持つ松村株式会社の松村俊幸社長、横浜ベイホテル東急の陣内一彦総支配人、日本シルクを守り育てる会の佐野明男さん、シルク博物館の坂本英介館長らでした。

そして松村実行委員長のもと、「横浜絹フェスティバル実行委員会」を立ち上げ、16（平成28）年の4月から5月にかけて、市内各所で第1回の開催にこぎつけたのです。

翌17（平成29）年の第2回から開催時期を10～11月に移し、横浜市内の絹関連施設のスタンプラリー、市内8ホテルでの「シルク×スイーツ」の限定販売、シルク博物館では特別展、横浜高島屋では作品展や職人展など幅広いイベントを展開し、18（平成30）年11月15日には大さん橋ホールで第3回「ヨコハマ〝絹FES〟in大さん橋」を開催しました。

回を重ねるごとに協賛企業や個人の協賛者も増え、横浜繊維振興会（中区）、横浜ファッションデザイン専門学校（鶴見区）、きものに関する文化支援活動を手掛けるKWプロジェクト（東京都中央区）、ファッション・イベントの企画会社SUNデザイン

2018年、第３回「絹フェス」の実行委員会事務局長として奔走した筆者。イベント初日に会場入り口で

研究所（東京都渋谷区）などの協力を得ながら、19（令和元）年に第4回の開催にこぎつけたのです。

そして、きものファッションショー『日本の美を愛でるin横浜』を中心に、横浜の未来を担う子どもたちの来場を想定した子ども向け絹とカイコの勉強会、きもの体験、ハンカチ手捺染やミニ畳作りなどの体験講座を充実させたほか、横浜スカーフ講座、十二単衣の着装ショー、「ヨコハマ絹遺跡をたどる」をテーマとした街歩きなども家族で楽しめたと好評でした。

これまで実に多くの人々の思いに支えられ、絹ときものを中心とした横浜らしさにあふれるイベントを開催してきましたが、その根底には絹のちから、きもののちからがあるのだと感じています。

きものと絹でつながる絆

私が「ヨコハマ絹フェスティバル」（絹フェス）の企画や開催、運営に関わるようになったきっかけは、できるだけ多くの人たちに、絹のことをもっと知ってもらいたい、興味を持ってもらいたいと考えたからです。

百貨店の呉服担当者として長くきものに関わってきた経験を生かし、実用性と装飾性を兼ね備えた和服の素晴らしさや和裁、着付けの技術などを次の世代に伝えるのも、私たちのような立場にある者の役目だと感じていました。

そこで2015（平成27）年、小学生の夏休みの自由研究のテーマにもなるよう、生きたカイコや繭に触れ、絹のポケットチーフを花びら染めにする体験イベントを横浜高島屋で企画しました。

当時の私は高島屋MD（マーチャンダイジング）本部呉服部門の担当部長でした。シルク博物館の坂本英介館長らの協力でカイコと桑の葉を準備する一方、ポケットチーフは、高島屋と契約している那須南地域（栃木県）の養蚕農家が手掛けた、純国産繭から取った糸で織った希少品を用意しました。

そしてタカナシ乳業バラ園（横浜市旭区）で散り際のバラの花びらを摘ませてもらい、染色家の中川善子さんに染め方の指導をお願いしました。横浜市の花であり、高島屋のシンボルフラワーでもあるバラの花が、散った後も白い布を美しく染めて、新しい命を宿すことを子どもたちに教えたかったのです。

参加した子どもたちは、最初はモゾモゾと動き回るカイコの幼虫に悲鳴を上げました。

しかし「カイコは昆虫だけど、1匹2匹ではなく、1頭2頭と数えるのですよ」と話すと興味を持ち、淡いピンク色に染まった作品をうれしそうに持ち帰っていきました。

この企画は大好評で、日本橋、京都、大阪、立川、新宿の各高島屋でも実施することになりました。どの店舗でも、付き添ってきた親御さんが子どもたち以上に楽しそうだったのが印象的でした。

こうした私の経験がヨコハマ絹フェスへと発展していくことになるのですが、実はその前段となった貴重な経験があります。それが2014（平成26）年、KWプロジェクト（東京都中央区）の林義男さんらが企画したボランティアプロジェクトで、ベトナム中部のフエで開かれた「世界民族衣装フェスティバル」に参加したことでした。

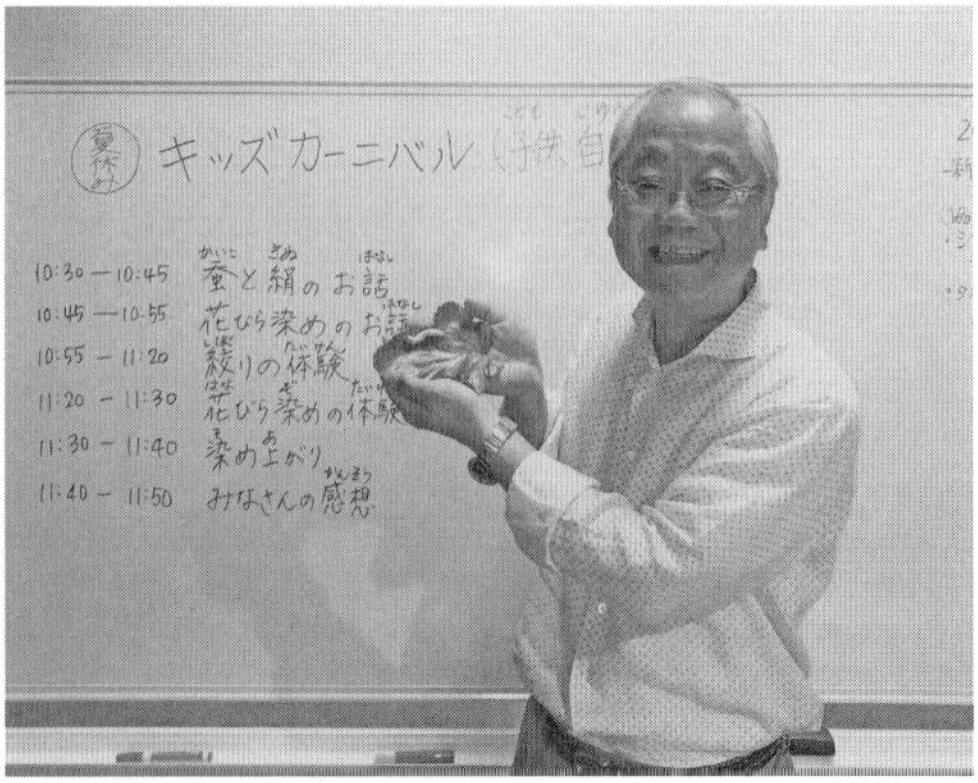

夏休みの子どもたちにカイコや絹について教える筆者＝2018年８月、新宿高島屋

このときに多くの人と知り合い、また、海外の若者はきものに「日本」そのものを感じ

ていることを肌で知りました。

そこで翌15年、ハノイで日本語を学ぶ学生に、日本の浴衣を通じて日本文化を学んでもらうイベントを企画すると、独立行政法人国際交流基金、ハノイの在ベトナム日本国大使館、日越友好文化交流クラブなどの協力が得られたのです。

このイベントにも大きな反響があり、その後もホーチミン、ダナン、フエと場所を変えて続いています。さらに顧みれば、国内外でこうしたイベントを開催できたのは、それまで3年間続けてきた、東日本大震災の被災者支援の経験があったからでした。

震災被災者に全国から浴衣を贈る

阪神淡路大震災が発生した後、被災地では震災直後の1年間に約138万人、多い日には2万人がボランティアとして活動したといわれています。そのため、ボランティア団体やNPOが数多く誕生した1995（平成7）年は日本の「ボランティア元年」と呼ばれるようになりました。

恥ずかしながら、私自身が積極的かつ直接的に被災地のボランティア活動に参加したのはそれよりもかなり遅く、2011（平成23）年3月11に東日本大震災が発生した翌年、

大槌町でボランティア活動を行う「LIGHT UP NIPPON」の発起人代表、高田佳岳さん（中央）と高島屋呉服部のスタッフ。左端が筆者＝2013年８月

12（平成24）年の夏から始めた被災地に浴衣を贈る取り組みです。当時、博報堂に勤めていた高田佳岳さんからこんな依頼を受けたことがきっかけでした。

「被災地で花火大会を開くので、その際、皆さんに浴衣を着て花火大会を楽しんでもらおうと思っています。池田さん、被災地に浴衣を寄付してもらえませんか」

高田さんは「東北を、日本を、花火で元気に。」をスローガンに活動する「ＬＩＧＨＴ　ＵＰ　ＮＩＰＰＯＮ」の発起人代表です。私は当時、高島屋ＭＤ本部呉服ＤＶディビジョン長という立場、つまり呉服部門の統括責任者でした。

素晴らしい企画だと思いすぐに協力を申し出ましたが、いったい何枚くらい必要なのかと尋ねると、「多ければ多いほどいい」ということです。

そこでCSR推進室（企業の社会的責任の実現を図る部署）の協力を得て、全国からクリーニング済みの浴衣と帯の寄付を募ると、あっという間に浴衣2000枚と帯1500本が集まりました。中には「自分の浴衣をぜひ贈りたい」という、小さな子どもが心を込めて書いたと思われる手紙が添えられたものもあり、思わず目頭が熱くなりました。

それを呉服部員とCSR担当者が1週間がかりで整理し、さらに足りない帯500本を高島屋のCSR予算で購入しました。また、趣旨に賛同してくれた呉服関係の問屋やメーカーからも多くの浴衣が提供されました。

こうして集まった浴衣と帯のセットを15カ所の被災地に送り届けるとともに、その着付けを手伝うため、高島屋でもボランティアスタッフを募り、被害が大きかった大槌町（岩手県上閉伊《かみへい》郡）に向かいました。

きもののちからを目の当たりにして

浴衣の着付けを手伝うために被災地に降り立った私たちの目に飛び込んで来たのは、建物が全て押し流され、線路とホームだけがポツンと取り残された駅の跡や、がれきと廃墟がどこまでも続く生気のない荒れ地。それが現実の光景であることに愕然《がくぜん》とし、しばらくは身動きすることすらできませんでした。

すでに震災発生から1年半近くが経とうとしているのに、そこには私たちの日常とはまるで違った時間が流れているようでした。

「こんな状況で、浴衣を着たいと思ってくれるのだろうか…」

宿泊場所の確保もままならず、気を取り直して目的地に向かう足取りも、何だか重く感じられました。それが一変したのは、浴衣に袖を通した人たちのこぼれるような笑顔を見た時です。それまでの危惧も懸念もすべて吹っ飛び、救われた思いがしました。

涼しげな浴衣を着て花火や縁日を楽しむのは、日本のどこにでも見られる夏の風物詩。そんな「当たり前の日々」が失われてしまった被災地で、人々はいったいどんな思いで浴衣に袖を通してくれたのでしょうか。

涙を流して喜んでくれた女性。

お母さんの後ろに隠れてはにかむ女の子。

丈が合わないつんつるてんの浴衣を着てはしゃぐ男の子。

女性物でもいいからどうしても着たいと訴えた青年。

どの顔も本当にうれしそうでした。

浴衣の着付け以外にもさまざまなイベントを実施しましたが、中でも多くの被災者家族が参加して好評だったのがファミリーゆかたショーです。

「まだ、おばあちゃんが、見つかっていないの…」

そう涙声で話していた女性が友だちと一緒に、見違えるような笑顔を振りまきながらショーのステージを歩く姿を見たときは、心から来て良かったと思いました。

たった一枚の浴衣にも、人を幸せにするちからがある——心からそう思えた瞬間でした。

また、大槌中学校（現・大槌学園）と大槌高校

大槌町を訪れた高島屋ボランティアメンバーと筆者（右端）＝2012年８月

の吹奏楽部が贈られた浴衣姿で演奏し、花火大会を大いに盛り上げてくれたことは最高の思い出のひとつです。

浴衣だけではありません。成人式に参加できなかった人たちのためにと、ある篤志家が振り袖10セットを寄付してくれたのです。スケジュールの都合で浴衣の提供と同時開催になってしまったのですが、その振り袖を託された私たちは現地に持参して着付けと撮影会を実施しました。

振り袖は私の長いきもの人生の中でも大きなウエートを占めていますが、新成人にとってはやはり節目の晴れ姿。真夏の暑さも忘れ、あでやかな振り袖を着て喜ぶ皆さんの姿を目にして、かえってこちらがうれしくなったほどです。

浴衣であれ、振り袖であれ、「きもの」には人を元気づけるちからがある。東北の被災地でのボランティア活動が、きものの秘めたちからを私に改めて気づかせ、きものを介した活動を広げるきっかけになったことは確かです。また、こうしたボランティア活動を通じ、きものの良さは身に付けてみて初めて分かるものだと強く感じた私は、その後のイベントでもできるだけ、実際に着る機会をできるだけ多く設けるようになりました。

その後、規模は縮小したものの、高島屋のＣＳＲ推進室はいろいろなかたちで支援を続けましたが、私自身の大槌町でのボランティア活動は14（平成26）年でひと区切り。そのタイミングでまるでバトンを渡すかのようにベトナムの学生に日本文化ときものを紹介するイベントとの関わりが生まれ、さらに「ヨコハマ絹フェスティバル」へと続いていったのです。

きもの産地に寄り添い守る

時代が令和に変わるのに際し、「平成は戦争のない平和な時代だったけれど、自然災害が多かった」と振り返った人は多いと思います。

私が災害を身近に感じたのは、横浜高島屋のバイヤーだった1995（平成7）年1月、綴《つづ》れ帯作家の上野富三さんの葬儀のために京都へ向かったときです。阪神淡路大震災の発生直後で、東海道新幹線のダイヤは乱れていましたが、何とか乗車することができ、最後のお別れをすることができました。被害状況は随時報道されていましたが、被災地に近い京都は騒然としており、災害の怖さを肌で感じました。

その後も地震に限らず、台風や豪雨、豪雪、猛暑、火山噴火などが相次ぎましたが、特に記憶に残っているのが2010（平成22）年10月の「奄美豪雨」です。停滞する前線と

被災地支援はその後も継続。「横浜絹フェスティバル実行委員会」（左端が筆者）では西日本豪雨災害で被害を受けた養蚕農家への義援金を届けた＝2018年

台風の影響で、観測史上最多の豪雨に見舞われた奄美大島では島内各地で土砂崩れが多発し、３人が亡くなりました。

　奄美大島には大島紬《つむぎ》を通じてお世話になった人が多く暮らしており、すぐに安否を確かめずにはいられませんでした。30代から何度も通っただけに土地勘があり、被害の大きさが想像できたのです。

　道路やライフラインが寸断され、自衛隊、警察、国土交通省の緊急災害対策派遣隊などが支援に入ったことを報道で知りましたが、大島紬に関する状況は何も分かりません。

　大島紬の職人である南修郎さんとようやく電話がつながったのは、豪雨から数日経ってからでした。職人さんの中でも同い年の南さんとは特に親しくしていましたが、さすがに落胆を隠せない様子です。

「すぐにでもお見舞いにうかがいたい」と申し出ましたが、「道路が開通しないことにはどうにもならない」という状況で、動こうにも動けないもどかしさが募りました。

道路が復旧したことを知った私が、高島屋大阪店の山根豪バイヤーと一緒に奄美大島に向かったのは、しばらくたってからでした。現地の方は多くの取引先がある中で、百貨店の私たちが最初に来たことにとても驚いていました。

南さんの案内で織り元や泥染め工房を訪ねると、途中の道路は至るところで陥没し、アスファルトがめくれ上がり、大切な泥田には土砂が流入していました。

浸水した工房では畳を壁に立て掛け、ドアも窓も開けっ放しで、織機や材料は水浸し。電化製品は全て廃棄処分にせざるを得ず、積み上げられた災害ゴミが被害の大きさを雄弁に物語っていました。どこを訪ねても、冷蔵庫がなくて食料品が傷んでしまうなど、切実な困窮ぶりが伝わってきました。

私たちにできることは何だろうか――。あれこれ考えた結果、水に濡れてしまって難がある品物も含め、できるだけ多くの大島紬をすぐに買い取り、年内に代金を支払うことにしました。

そして2011（平成23）年の年明け、日本橋、新宿、横浜、名古屋、大阪、京都の高島屋各店の新春呉服市で「奄美大島紬特別セール」を催し、格安で販売することにしました。幸い新聞各社が取り上げてくれたおかげで大きな反響があり、支援のつもりで購入してくださったお客さまも大勢いらっしゃいました。

産地の人たちの大島紬にかける思いを知る者として、少しは役に立てたのではないかと胸をなで下ろしました。個人にできること、一企業にできることは限られていますが、ひとりひとりが今できることをする。被災地支援にはその積み重ねが大切なのだと思います。

第2章　知る喜び

まさか、まさかの呉服売り場配属

きものは世界に誇れる日本の文化でありながら、現在ではごく一部の人が、限られた場面で楽しむものと思われているようです。それはとても残念なことですが、かく言う私もそうでした。

そんな私がどのようにきものと出会い、きものと関わってきたのか、それを知っていただくことはこれからきものを仕事にしようとする人、社会で働こうという若い人たちにとって、少しは参考になるのではないかと思います。

◇　◇　◇　◇　◇　◇

1970（昭和45）年3月、神奈川県立横浜立野高校を卒業した私は、3月16日付で横浜高島屋に入社しました。就職相談に乗ってくれた中川温先生が「高島屋は将来有望だ」というので初任給の安さには目をつぶり、入社試験を受けて無事に合格できたからです。

当時の高島屋は店舗網を拡大中で、58（昭和33）年にニューヨークに出店。それは日本の百貨店とって初めての海外店舗でした。横浜高島屋が開店したのは59年で、それを機にうら寂しかった横浜駅西口に新たな人の流れが生まれていました。

そして69（昭和44）年には国内初の本格的米国型ショッピングセンターである玉川高島屋S・Cが開店したばかり。当時の横浜高島屋と玉川高島屋は株式会社横浜高島屋の傘下にあり、私の同期入社は両店併せて大卒男子20人、高卒男子100人、高卒女子400人ほどだったと思います。

入社式を終えて「2級見習員」となった私たちを待っていたのは、千葉県の勝山にあった社員寮で行われた数日間の合宿研修でした。研修といっても砂浜を走り、馬跳びや腕立て伏せなど、体力増強のようなプログラムが中心で、私は難なくこなすことができました。高校時代に港湾倉庫のアルバイトをしたおかげで、体力には自信があったからです。

研修の終了間際に配布された配属先の希望を問う用紙には、紳士服、外商部と記入しました。百貨店の商品をあれこれ思い浮かべた中で、それなら自分にも勤まりそうだと思ったからでした。

ところが配属されたのは、呉服・宝飾・寝具を扱う営業4部の呉服部門。

よりによって呉服…。

きもの…。キモノ…。着物…。

それまで祭り半纏くらいしか着たことがなく、父がきものを着るのは元旦だけ。母のきもの姿を見たのも小学校の入学式の色無地と黒羽織くらいです。何の知識もなく大きな不安を感じながらの船出だっただけに、まさか半世紀後の今、きものの仕事に就けて良かったと心から思える自分がいるとは想像もできませんでした。

当時の呉服売り場には呉服1群と2群があり、1群は京友禅や西陣帯地など絹製品の高級呉服、2群はウールやポリエステル、木綿などの実用呉服や和装小物を扱っていました。私の配属先は2群の「仕立て上がり呉服」で、絹以外の各種商品の売り場です。シルクウール（絹と羊毛の混紡織物）や洗えるきもの、男物や子どものきものなどを取り扱い、バーゲンではガーゼの寝間着が日に300枚も売れていました。

右も左も分からない中、唯一の救いは当時の主任が横浜立野高校の11年先輩の滝沢邦利さんだったこと。まったくの偶然でしたが、おかげで少し気が楽になりました。一方で1歳上の女性の先輩からは、ひも掛けや包装の覚えの悪さをたびたび指摘され、毎日懸命に練習しました。

私が入社した70（昭和45）年は大阪万国博覧会が開かれるなど、いわゆる高度経済成長の真っただ中。よど号ハイジャック事件、三島由紀夫の割腹事件などもありましたが、毎月の売り上げ見込み額を25日でクリアするほどの好景気でした。きもののことは分からなくとも、活気がある忙しい毎日のおかげで、次第に仕事が面白くなっていきました。

そのころ、男性用の八王子ウールのアンサンブル（同じ布地で仕立てたきものと羽織）が大人気で、12月28日まで年内に納める約束で注文を受けていました。毎日、台車いっぱいになるほどの数です。

ところが大みそかの残業も終わるころ、1件の未配達があることが分かり、担当の人たちは大慌て。そんな中で松本清課長は「池田君、ご苦労だけど届けてくれないか」と私に任せてくれたのです。

戸塚駅からタクシーを使うことを許されたものの、土地勘がなく、配達先は街灯の少ない暗い住宅地でした。一軒一軒表札を確認して回り、ようやくお目当ての家を探し当てました。

高校時代からの親友、石山恵一君の結婚を祝う（筆者は中央）。この仲良し７人組で後に「七友会」を結成する＝1971年ごろ

もう遅く、玄関に入るとNHKの紅白歌合戦の歌声が聞こえていましたが、待ちかねたお客さまがとても喜んでくださったことで私も大きな達成感を味わい、うれしい気分で帰宅したことを覚えています。

人生の転換点となる一冊との出会い

横浜高島屋に入社して4年目の1973（昭和48）年、私は呉服2群の「仕立て上がり呉服」から「実用着尺《きじゃく》」に異動になりました。同じ2群の中で、既製品を売る部門から反物を売る部門への配置換えで、初めて後輩社員もできました。ちなみに1反の布で、きもの1着が仕立てられます。

異動直後の春先は、和裁学校の教材用や母の日の贈り物として浴衣地が飛ぶように売れる時期です。特に母の日の前の週末がピークで、日に500反くらい売れました。おかげで毎日「越後札」と呼ばれる値札付けに追われ、藍染めの浴衣生地で手が青く染まるほどの忙しさでした。

それ以外の主な仕事といえば、買い取りで納品されたウールの反物約2000反（段ボール50箱分）を、私と新入社員の石渡一行君で倉庫まで階段で担ぎ上げること。当時の高島屋は今よりもずっと狭く、新館西部分が増床されたものの、業務用エレベーターが1台しかありませんでした。そのため、どの売り場でも荷物運びは若手の仕事だったのです。

とはいえ、反物が詰め込まれた段ボールは1箱が30～40キロもあり、石渡君は心身ともに疲れ果て、体調を崩して倒れてしまいました。幸い数日で復帰してくれましたが、村杉光課長（当時）から、「池田君、君と一緒にするな。新入社員だからな」と叱られてしまいました。

勧められるままに入社試験を受けて百貨店に就職し、そこで何をしたいという展望があるわけではない私でしたが、少なくともこの頃までは、高校時代に倉庫のアルバイトで培った体力がものをいい、バーゲン会場では八百屋で鍛えた大声が役立っていました。

ところが同じ73（昭和48）年4月、葉山マリーナで開催した呉服販売会の最中、冷や汗が出るほどの腹痛に襲われました。何とか仕事を終えたものの、横浜中央病院を受診すると虫垂炎と診断され、すぐ入院して手術という事態に陥りました。

まるでまな板の上の鯉ですが、半身麻酔だったため、執刀医が「すごい腹横筋だ。何かしているの？」と驚いていたことを覚えています。

そしてこの入院時、友人が買ってきてくれた夕刊紙に大きな転機が潜んでいたのです。

それは米国人作家デール・カーネギーの『人を動かす』という本の紹介記事でした。タイトルに引かれたのか、紹介文が印象深かったのか、今となっては定かではありませんが、退院してすぐ伊勢佐木町の有隣堂に買いに行ったのです。それを自宅療養中に読み進むうち、「これを会社で実践してみよう」という思いが湧き上がってきました。

いわゆる自己啓発書で、人を動かす3原則、人に好かれる6原則、人を説得する12原則、人を変える9原則などが、項目別に整理された内容です。病休を終えて出社するとすぐに進級面接が待っていましたが、無事に合格できたのも、この本を読んで気持ちが前向きになっていたからかもしれません。

人間関係の機微について書かれた『人を動かす』、同じ著者による姉妹書で悩みの克服法について語る『道は開ける』はどちらも世界的なロングセラーとなっています。後年、この種の本をいろいろ読みましたが、私の人生における影響力の大きさでいえば、この『人を動かす』が断トツの存在です。

まさに人生の転換点で、それまでの自分の至らぬ点を反省し、もっと勉強しようという気持ちにさせてくれた一冊です。私は自分を変えた『人を動かす』を今も手元に愛蔵し、機会があれば人に勧めたり贈ったりしてきました。良い本との出会いは誰にとっても宝物となるはずです。

売る楽しさと喜びを知る

横浜高島屋の呉服売り場で働き始めて4年目、外商部から1000件もの浴衣の受注があり多忙を極めました。大手企業から全国の高校の就職担当の教師に贈られるもので、1反ずつ箱に入れ、のし紙を掛け、丁寧に包装して発送するのです。

大量注文の上に届ける期限が限られているため、閉店後も連日作業に追われました。あれこれ考える暇はなく、ひたすら手を動かすほかありません。どうにか発送を終え、「無理だと思えることも頑張ればできる」と前向きに考えられるようになったのは、22歳の私にとって大きなプラスとなりました。

そんな中でデール・カーネギーの著書『人を動かす』を読み、その実践を試みるうちに、仕事がどんどん面白くなっていったのです。

もうひとつ、大きな影響を受けたのが、洗えるきものを取り扱っていた荒川株式会社東京店（中央区日本橋、本社は京都市）の宮村福雄さんの仕事ぶりです。

洗えるきものは当時の大ヒット商品で、バーゲン中に売り切れてしまうこともしばしばありました。すると売り場に立っていた宮村さんは、「ちょっと行ってきますわ」と関西弁で言い残していなくなります。そして2時間もすると25反を肩に担ぎ、25反を片手に提げて戻ってくるのです。

東京店がある人形町まで電車で往復し、追加で納品した50反をすぐに売りまくる。その行動力に加え、売り場でのお客さまとのやりとりを見ていてだけで大いに勉強になりました。それをまねるうちに私も「売る」ことが楽しくなっていったのです。

呉服売り場で着実に経験を積んでいた1974年ごろ、スナックのカラオケでくつろぐ筆者

そのうち、あるバーゲン会場でビニール袋入りの晒《さらし》の生地の汚れに気づきました。お客さまが肌触りを確かめようとして次々に触るためで、倉庫にも同じように反物の端にほんの少しだけ汚れのある晒が売り物にならずにたまっていました。

そこで私は値引き販売を提案しました。主任から許可を得て問屋にも協力してもらい、在庫品一掃の呉服バーゲンに出品したのです。わずかな汚れが気になるなら端を少し切れば良いし、実用的には何の問題もないと考えたからです。すると売り場に行列ができ、新しい晒も含めて日に500反を超えるほど売れました。

デパートの呉服売り場で扱う晒は、妊婦の安産を祈願する「岩田帯」として使う縁起物の需要がほとんどです。そんな先入観が邪魔をして、鮨《すし》屋や料理屋の布巾、下帯、腹巻きなど、幅広い需要があることが見えていなかったのです。

私は物事を論理的に考える方ではなく、カンと想像力を膨らませ、こうできたらいいなと思いを巡らせ、とりあえずやってしまうタイプ。難しいとか無理だと言われるとがぜんファイトが湧きます。このときも一生懸命に説明してアイデアを実行に移し、ささやかながらも私にとっては極めて大きな成功体験を得ることができました。

そうやって成功したら、それまで無関心だった同僚を巻きこみ、一緒に成功の喜びを感じてもらう、そうすれば次はもっと協力してくれる。これもカーネギーの『人を動かす』から学んだことです。

こうして呉服2群で経験を積んだ私は、入社5年目に高級呉服を扱う1群に異動することになりました。

高級呉服の販売には知識が必要

1970年代初め、横浜高島屋の呉服売り場は絹製品の高級品を扱う1群、実用呉服や和装小物を扱う2群に分かれており、私は入社5年目の74（昭和49）年5月に2群から1群に異動しました。入社直後から1群に配属される人もいて、職場として格差があるわけではありませんが、それでも高級品を扱う1群で働けるのだと思うと気持ちが引き締まりました。

最初に担当したのは染着尺《そめきじゃく》。着尺とはいわゆる反物のことで、友禅の小紋や付け下げなど、着用用途の異なるきものを売るのが主な仕事です。

2群でも着尺は扱っていましたが、反物を選んでお客さまの寸法で仕立てる「誂《あつら》え」の経験が少ない上に、1群で扱うのは値段の桁が違う高額品ばかりです。寸法の測り方や用尺（必要な反物の長さ）もよく分からず、高揚した気持ちも次第に萎えていきました。

異動して間もないある日、こんな声が耳に入ってきました。

「実用呉服で荷物担ぎや倉庫整理しかやっていないから、何も分かってない」

自分のことを言われていると気づき、とても悔しくなりました。

確かに入社するまで、私はきものとは縁もゆかりもありませんでしたが、この4年間、誰よりも忙しくキャリアを積んできたつもりでした。値札付けや倉庫整理に追われながらも、基本的なことをコツコツと実地で学んできたのです。

例えば呉服で使う尺差し（竹製の物差し）のような「長い物、尖《とが》った物は手渡しではなく卓上に置いて渡す」という常識的なことさえ知らず、年配の先輩から折に触れ厳しく教えられました。

１群で扱う高級呉服の一例。桶絞《おけしぼり》や縫箔《ぬいはく》の技法を凝らした友禅の訪問着＝昭和末の高島屋カタログから

しかしお客さまに商品を説明し、裏地を合わせ、寸法を測って仕立てる高級呉服では、確かにもっと深い知識が求められます。きものはお客さまに似合っているか、お客さまの目的に適っているか、裏地の色はこれで良いのか、寸法は間違いないか…。そうした実務はこれから覚えてい

くしかありません。

誰かに陰口をたたかれるまでもなく、当時の私は商品知識も乏しく、売り場に立つことが怖いとさえ感じていました。お客さまに何か尋ねられてもおそらくしどろもどろ。まともに答えられないと分かっていたからです。

「このままではいけない。何とかしてもっときものを勉強しなければ…」

そう思った私は、半期に1度取得できる連続交代休暇を使い、京都に勉強に行こうと決めました。数ある産地の中でも高級呉服の本場は京都だからです。

それに、靴職人だった父の仕事ぶりを見て育ったせいか、きものがどのように作られているのか、自分の目で実際に見てみたいという気持ちもありました。

思い切ってそのことを当時の呉服部長の石原睦司さんに相談すると、「ちょっと待て」と言って数枚の名刺を渡してくれました。裏返すと「勉強させてやってほしい」という内容の一筆が書かれていました。

まず、京都の烏丸高辻にあった呉服問屋の宝屋を訪ねました。高島屋の関連会社で、見学させてもらえる工房や職人さんを紹介してもらおうと思ったからです。これが半世紀にわたる私の「きもの産地巡り」の出発点となりました。

産地に足を運んで本物に触れる

入社5年目以後、私は半年に1回取得できる連続休暇を利用して自費で京都に通い、ものづくりの現場をつぶさに見て回りました。ひとりで行った年もあれば、先輩を誘って行ったこともあります。

京都を代表する主な呉服には「友禅染」「絞り染め」「西陣織の帯地」「御召《おめし》」などがあります。私がその当時担当していた京友禅には手描き友禅と型友禅があり、どちらの工程も全て専門の職人の手による分業制となっています。一反の反物が仕上がるまでにどれほど多くの人の手が関わっているか、それを見て回るだけでもとても勉強になりました。

今も強烈に記憶に残っているのが、西陣のある老舗の工房です。昔ながらの作業場に一歩踏み込んだ私はわが目を疑い、衝撃を受けました。深く掘られた土間の一部に丸帯用の手機《てばた》の織機が埋められ、たったひとつの裸電球の下で、職人さんが黙々と織っていたからです。

丸帯は帯の中ではも最も格式が高く、花嫁衣装や黒留め袖に合わせるものです。この工房でつくられていたのも、金箔《きんぱく》を和紙に貼って細く裁断したものを一本ずつ竹箆《たけべら》で引いて織り込んでいく、西陣古来の引箔技法によるものでした。工房の床を掘り下げて地中に織機を設置した「埋め機」は絹糸に適度な湿気を与え、織り上がりの風合いをよくするための知恵だと初めて知りました。

絞り染め技法の一種である「疋田絞《ひったしぼり》（匹田絞）」は、布目に対して45度方向に鹿の子紋の目をびっしりと隙間なく詰めて染める技法で、指先で1粒ずつ布をつまんで小さく四つ折りにし、絹糸で何度もくくっていきます。

ある工房で1反につき10万粒以上くくる作業を見学したときのことです。染め上がった後、くくった絹糸を外すときにバチバチと大きな音がするのが面白くて見ていると、親方が「肉持って来い！」と一言。ところが若い職人が持って来た袋に入っていたのは、絞りをくくっていた絹糸を外して集めたものでした。

訳が分からず尋ねると、「この糸を売って、そのお金で肉を買って食べるんだよ」とうれしそうに笑いながら説明してくれました。繊細な仕事と対照的な大らかさ、豪快さが感じられ、仕事一徹の職人さんの、あっけからんとした世界を垣間見た気がしました。

同じく絞り染めの一種である「桶絞《おけしぼり》」は染めない部分を桶の中に詰め、ふたで密封して縄で縛って染液に入れ、桶の外に出た部分だけを染める技法で、桶染、桶出し絞りとも呼ばれます。

直径40センチほどもある木桶を軽々と扱う職人さんの動きに見ほれていると「今度はジーパンで来いよ、背広に染料が飛ぶぞ！」と叱られてしまいました。

織物の原点ともいわれる「綴織《つづれおり》」は、主に高級な帯地として使われるものです。織り職人が爪先をノコギリのようにギザギザにし、その爪先で緯糸《よこいと》をかき寄せて織り上げる本爪綴《つづ》れの機場では、若い女性たちが一心不乱に織機に向かっていました。

昼時になると、責任者が織り手の肩をひとりずつ優しくたたきながら「お昼だよ」と告げて回ります。機場が不思議なほど静まり返っていたのは、聴覚障害者が働いていたからだと後で知りました。精緻な技術を誇る日本のきもの文化が、さまざまな人々の真摯《しんし》な仕事によって支えられていることを痛感しました。

「このままではいけない」と思って始めた京都通いでしたが、現場の職人さんたちから本物の知識を得て、お客さまと接することが楽しくなっていきました。

きものの仕事は裾広がり

何度も京都に通ううちに分かってきたことがあります。きものの仕事というと、染織作家や職人、伝統技術を受け継ぐ老舗工房などに注目が集まりがちですが、和裁、着付け、悉皆など、周辺の仕事も大切だということです。

優れた染織作家がどんなに素晴らしい作品を生み出しても、それを仕立てる和裁の出来映えが良くなければ台無しです。決して前面に出ない黒子の立場にあるものの、和裁はきもの文化の重要な支え手です。

きものは一枚の布(反物)を、お客さまの採寸サイズに合わせて裁断し、縫い合わせて作られます。しかも、身頃、袖、衽《おくみ》、襟《えり》など、すべて直線断ちで構成されており、そこには日本の長いきもの文化に培われてきた技術が凝縮されています。

しかもほどけば一枚の布に戻る究極のエコ衣装で、リメイクやリフォームも可能なため、

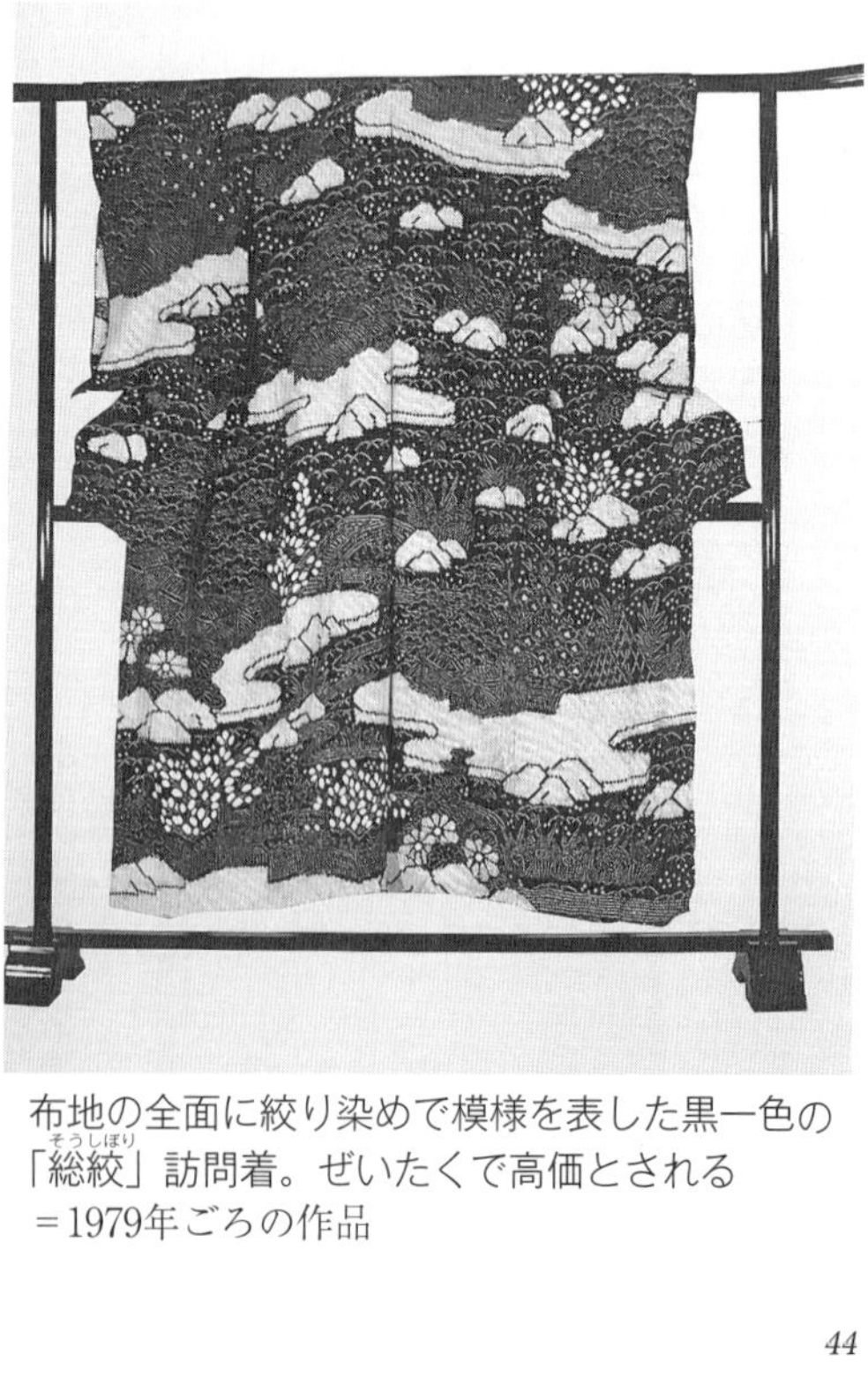

布地の全面に絞り染めで模様を表した黒一色の「総絞《そうしぼり》」訪問着。ぜいたくで高価とされる＝1979年ごろの作品

古着も古布も立派な商品です。高島屋の原点も古着商で、昔は普段着でさえ何度も仕立て直したり、子どもの着物に仕立て替えたり、最後は赤ちゃんのおしめや雑巾になるまで使い回しました。

洋服はデザインに合わせて型紙を起こしますが、きものはすべて直線断ち。また、洋裁は解けないようにしっかり縫うのが基本ですが、和裁では強度を保ちつつも、要所要所で縫い方を変えている。それはサイズ直しや仕立て直しを容易にするためです。

そもそも曲線断ちで立体的な洋服は人間の身体にフィットしますが、きものは着方によって凛として見えたり、粋に見えたり、逆にルーズに見えることもあります。きものを着ると背筋が伸びる感じがしますが、直線断ちから生まれる美しい着姿はきものならではのものであり、それを左右するのが和裁の精緻な技術、そして着付けです。

着付けにはＴＰＯに合わせてきものを選ぶ知識だけでなく、きもの、帯、小物などを組み合わせ、帯結びを構想する応用力が求められます。さらに人に着せるのであれば、着せる人の感性を受け止める共感力も欠かせません。しかも同じきものでも、小物の選び方ひとつ、衣紋の抜き方ひとつで印象はがらりと変わってしまうものなのです。

一方、大切なきものは末永く愛用されることが多く、そのための染色、染め直し、シミ落とし、洗い張り、仕立てなど、染織に関するいっさいを請け負う業者を「悉皆屋」と言います。

悉皆には、「ことごとく」「すべて」「残らず」などの意味があり、かつてはお客さまの注文を受け、白生地から図案、誂え染め、仕立て、後の手入れに至るまで、プロデューサー的な役割を果たしていました。それが現在ではきものの手入れ全般を引き受ける仕事を指すようになり、染め替え、色抜き、湯のしなども手掛けます。

このように、一枚のきものが誰かに着られるようになるまでには、和裁、着付け、悉皆などさまざまな人々が関わり、しかもきものができるまでには、養蚕業、製糸業、流通、製造、販売など、川上から川下まで、実に多くの事業者が関わってきます。

さらに細かく分業化された染めや織りの工程で

1925年に開催された第26回秋の百選会作品批評会（東京星岡茶寮）。後列右は菊池寛、前列左は与謝野晶子

は、さまざまな織機や織道具の杼《ひ》や筬《おさ》、各種の箆《へら》、筆、刷毛、紋紙、染料などをつくる人々が、名もなき黒子として豊かな染織文化を支えているのです。

高島屋は1913（大正2）年に百選会を立ち上げて新作図案を広く募って以来、常にきものの流行をリードしてきました。百選会の草創期に与謝野晶子、堀口大學らとともに顧問を務めた心理学者・美学者の菅原教造は、きものの図案や色彩研究の第一人者として知られた人物で、「服飾は人間である」という趣旨の言葉を残しています。

着ているもので人が分かる、ファッションは着ている人の人間性を推し量る物差しだという意味だと解釈していますが、服飾は単に暑さ寒さをしのげれば良いというものではありません。

そうしたことに思いを馳せれば、きものの奥深さ、裾野の広さがが分かります。私は販売という立場からきものに関わりながら、こうしたきものの懐の深さに大いに魅了されました。

Column

きものの約束ごと

和装にはきものから小物に至るまで「格」があり、ＴＰＯに合わせた着こなしのルールがあります。それがきものを難しいと感じさせていることは確かですが、洋装のフォーマル・カジュアルの違いと同じだと考えると分かりやすいかもしれません。女性のきものをフォーマルな方から順に並べると、だいたいこんなイメージです。

◇礼装（第一礼装）　特別な時や公的な儀式に着る

打ち掛け（花嫁衣装）、黒留め袖（既婚女性）、本振り袖（未婚女性）

黒紋付き（喪服）など。

◇略（準）礼装着　入学式・結婚披露宴・初釜など
色留め袖、訪問着、振り袖（未婚女性）、色無地など。
◇外出着　お稽古事・観劇・パーティーなど幅広い用途で着られる
付け下げ、付け下げ小紋、小紋、お召など。
◇普段着（街着）　ちょっとした外出時に着る
紬、絣、銘仙、ウール、木綿、浴衣など

こうしたきものの「格」とは、きものを着る場合の約束ごとで、同席者や周囲へのへの配慮が必要です。そのため「礼装」では自分の好みだけでなく約束ごとを守った装いが求められますが、街着や普段着では自分流の装いを楽しむことができます。きものに興味のある人は、まず普段着で外出することから始めてほしいと思います。

第3章　京都に学ぶ

高島屋創業の地は京都

高島屋の初代・飯田新七は越前国敦賀（福井県敦賀市）出身で、京都の呉服商に奉公した後、京都烏丸の米穀商・飯田儀兵衛の婿養子に入り、1831（天保2）年、分家独立して古着木綿商を始めました。その際、屋号を本家と同じ高島屋としたのが今日の高島屋の創業だと伝わります。

やがて呉服商となった高島屋は、明治に入ると京都の画家に下絵を描かせて染織家がそれに刺繍を施し、壁掛け、屏風、衝立、きものなどに仕立てる独自の美術染織品を完成させていきました。それらは国内外の博覧会で高い評価を得て数々の賞牌《しょうはい》（メダル）を獲得し、海外への輸出も積極的に行いました。

高島屋と画家や染織家とのつながりはこの頃に始まり、美術部を創設した明治末期以後は洋画家や工芸家とも交流を広げ、時代の先端を行く展示会や展覧会を次々に開催してきたのです。

1987（昭和62）年4月、横浜高島屋で呉服担当のバイヤーになったばかりの私は、高島屋創業の地である京都に向かいました。5歳上で大阪店のバイヤーである福江光男さんから「千總《ちそう》展の開催前日から京都に入るように」という連絡があったからです。

京都では4月初旬、呉服問屋や染織メーカーの展示会が集中的に開催され、全国からバイヤーが集まるのが恒例です。中でも京友禅の「千總」（京都市中京区）は全国の百貨店や有名呉服店に販路を持つ老舗中の老舗で、高島屋にとっても特に大切な取り引き業者のひとつです。

福江さんと夕食を食べながらの打ち合わせで「開始2時間前の朝8時に会場入りして芳名録のトップに名前を書くように。7時半にホテルに迎えに行くから」と言われ、ワクワクしました。

翌朝、まだ誰もいない会場の控え室で、今度は「9時半になったら階段下に先頭で並んで、開場時間になったら2階へ駆け上がれ」と言われました。横浜店の先輩たちからそんな話は聞いたことがなく半信半疑でしたが、そのうち高島屋日本橋店や京都店のバイヤーも続々と集まってきました。

まだ人もまばらな控え室で、私たちは他のどこよりも早い作戦会議を開きました。そして1階の会場の欲しい品は福江さんたちが押さえ、2階は私という段取りが決まりました。

最初はひとりでポツンと階段下に立っていましたが、開場時間が近づくと競合百貨店のバイヤーも続々と並び始め、いつの間にか驚くほど長い行列ができました。

千總の常務の「お待たせしました。どうぞ、お入りください」という一声で一斉にダッシュ。その勢いに一瞬出遅れそうになりましたが、階段の内側のポールポジションに陣取っていた私は2段飛びで駆け上がり、真っ先に2階の会場に飛び込みました。そしていち早くお目当ての品物の前で「それいただきます！」と指を指す。すると千總の高島屋担当の営業マンが商品の色紙に金色のシールを貼り、買い取り成立という運びです。

わずか数十秒で3点の高額品、総額約600万円を買い取ったバイヤーデビューの瞬間の高揚感は忘れられません。まるで新年に「えべっさん」（兵庫県の西宮神社）で繰り広げられる「十日えびすの開門神事福男選び」さながらの熱い先頭争いでした。

染織業界に寄与し続ける上品會

私がバイヤーとしてデビューした展示会（千總展）で買い付けた商品の一部は、秋に行われる上品會《じょうぼんかい》の審査会に回され、そこで入選すれば、翌年4月に開かれる上品會で招待客に販売されます。

上品會の始まりは1936（昭和11）年、大阪の高島屋長堀店の開店15周年を記念して企画された呉服催事で、「同人」と呼ばれる名匠や老舗が、織《おり》、染《そめ》、繍《ぬい》（刺しゅう）、絞《しぼり》、絣《かすり》の「染織五芸」を切磋琢磨《せっさたくま》する場として設けられました。

審査会の入選作はすべて高島屋が買い取って販売するという信頼関係で結ばれており、「染の千《ち》總《そう》」「帯の龍村《たつむら》」「織の矢代仁《やしろに》」という、当時の最高峰の技術を誇る京都の3同人の協力で始まりました。

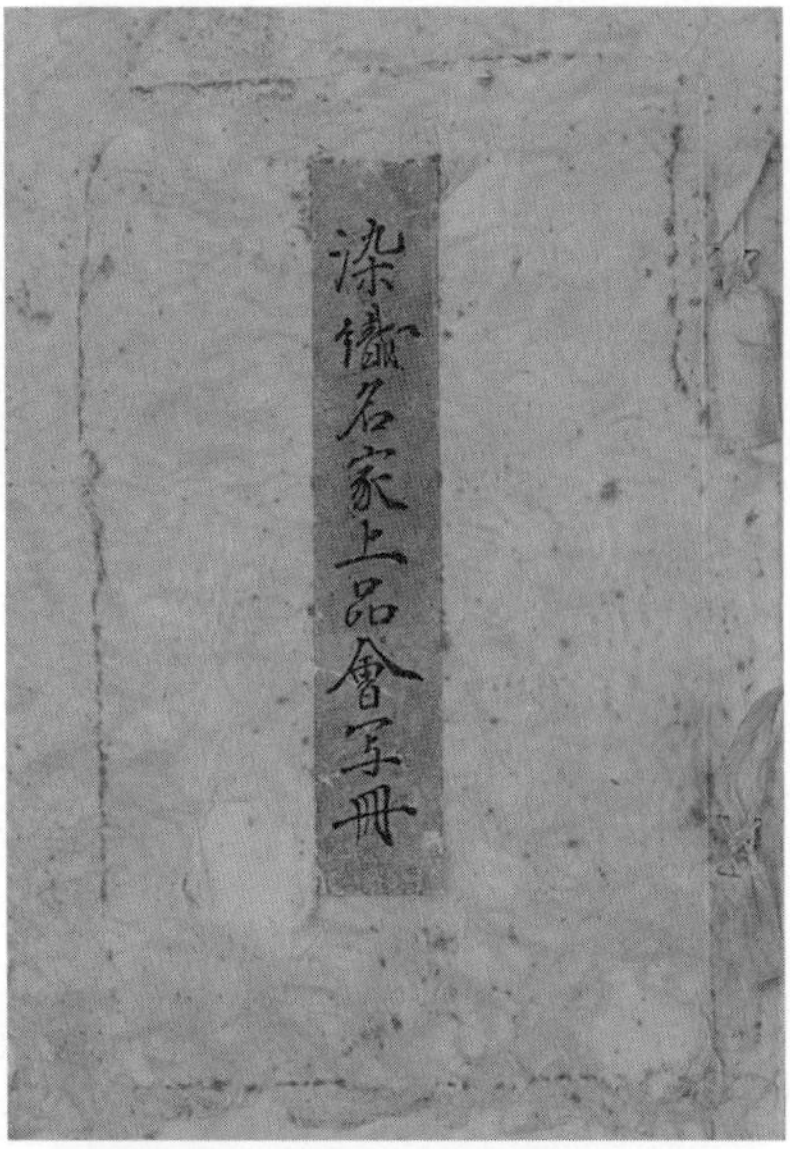

第1回染織名家上品會写冊（図録）＝1936年

上品會の「品《ぼん》」とは単なる物ではなく、官の等級区別や種類の上下を定める意味で用いられ、古くは親王の階級を、仏教では成仏（悟りを開くこと）の階級を意味し、「上品」はその中の最上位を意味します。

その時々の染織業界の第一人者が日本文化の伝統に則り、身命を賭して創作する境地はまさに「上品」が意味する世界そのものであり、そこから生まれる珠玉の作品を展観する上品會は日本文化を守り育てるものとして、業界だけでなく当時の文化人からも多くの共感を得たそうです。

戦時中は中断を余儀なくされましたが、53（昭和28）年に再開された上品會は、「飜《ほん》古為新～古きを飜して新しきを為す～」という作品づくりのコンセプトを明確に打ち出しました。

その際、初代龍村平藏（1876～1969）は、上品會の目的は、高い志を持つ織・染・繍・絞・絣の名家が互いにいましめ合って制作に励み、厳しい審査を通じて上品の名を辱めることのないようにすることにあるという「上品會素旨」と、その審査は一時的な流行ではなく永久性を重んじ、日本文化精神に立つとともに、ゆがんだ新しさや汚れた古さを廃止、技芸の真面目な精神に立って創造するものであるとする「鑑審査」の基準を書き残しました。

その精神は現在も受け継がれ、発足時の3同人に加えて染織五芸の境地を極めようとする川島織物セルコン（西陣帯）、千切屋《ちきりや》（京友禅／紬織《つむぎおり》）、岩田（西陣帯）、秋場（大島紬／結城紬）、大羊居《たいようきょ》（東京友禅）を加えた東西の8同人が参加しています。

上品會の根幹は入選作のすべてを高島屋が買い取るというシステムにあります。だからこそ作り手は安心して新たな意匠や技法にチャレンジし、上品會を最高の晴れ舞台と心得て努力を惜しまず、毎年の審査会を目指すことができます。作り手と売り手が市場動向などの情報を共有しつつ、互いに切瑳琢磨することで、伝統の上に立ちつつ新しい創意を積み重ね続けてこられたのだと思います。

上品會は一企業の創作きもの展ではありますが、きもの業界の同様の催しが中止や縮小を余儀なくされる中、創設から80余年、戦後だけでも70年近い歩みを重ね、技術や技法の継承や新たなデザインの創作に寄与するとともに、染色業界全体の発展に寄与していく期待と責務を担っています。

「上品會80年」を記念して2016年１月４日～３月26日に高島屋史料館（大阪）で開かれた展示会のポスター

今の私を「きもの」を抜きには語ることはできませんが、そこには高島屋で培った知識や経験、人脈などのすべてが凝縮されており、その根底にはこの上品會のような、世代を超えたたゆまぬ努力が脈々と続いているのです。

京都の老舗の心意気

高島屋の呉服の数ある取引先の中で最も長くお付き合いがあるのが、上品會が始まった当時からの同人でもある京友禅の「千總《ちそう》」です。

16世紀に京都で創業した老舗で、宮家や寺社などに装束を調進する商いを主としていましたが、江戸時代に流行し始めた友禅染も手掛けるようになり、明治初期に家業の軸足を京友禅に移しました。その後も日本画家に下絵を依頼するなど改革を重ねてきた千總の展示会（千總展）でバイヤーとしての初仕事ができたことは、望外の幸運でした。

ちなみに友禅染には産地の違いによって京友禅、加賀友禅、東京友禅（東京手描友禅／江戸友禅）があり、技法によって手描友禅と型友禅に大別されます。

ごく大ざっぱに言えば、京友禅は、友禅に刺繍《ししゅう》や金箔《きんぱく》を用いた絢爛《けんらん》豪華で雅《みやび》な図柄。加賀友禅は、北陸の風土を感じられる写実的で優美な草花文様。東京友禅は、明るい色調と自由闊達《かったつ》で余白を生かしたデザインが多いのが特徴です。

私は各地の友禅を見て回るうちに、京友禅は盆地気候と町並み、加賀友禅は北陸の風と空、東京友禅は太平洋の青い海と空が、それぞれの染めに反映されているのではないかと思うようになりました。

1987(昭和62)年4月、千總展でいよいよバイヤーデビューする朝、私と私を連れて行ってくれた大阪店のバイヤーの福江光男さん以外はまだ誰もいない早朝の会場で、最初にあいさつしたのが当時の千總の制作責任者、清水脩さんでした。

私より5歳上の清水さんは何事にも妥協せず徹底してやり抜く人で、その働く姿勢や心構えなど、身近に接していて学ぶものはたくさんありました。

例えばバイヤーは各々展示会の関係者に接触し、どんな作品が出品されるのか情報収集に努めますが、清水さんは「早く知りたければ夜中の1時すぎに来い」と取り付く島もなし。半信半疑ながらも実際に行ってみると、真夜中にもかかわらず、煌々《こうこう》とともった蛍光灯の下で商品の確認作業の真っ最中でした。

呉服担当バイヤーとして活躍していたころ、移動中の駅で打ち合わせをする筆者(中央)と中村次長(右)、トップセールスの星加美智子さん(左)

しかも深夜2時すぎ、職人さんが風呂敷に包んで持ち込んでくる訪問着を次々と衣桁《いこう》に掛け、「ちょっと上前の柄が弱いな」「刺繍と金箔を足そうか」など、間髪入れず手直しを求める言葉が飛び交うのです。

時計が午前3時を回ってもいっさいお構いなし。清水さんの「朝8時までにやってくれるか」という酷なオーダーに、職人さんが「分かりました。やってきます」と淡々と応じる。そうこうしているうちに、午前10時の開場時刻にはきらびやかな作品で埋め尽くされた会場が、整然と私たちを待っていました。

一睡もせず、ただただ「いいきものをつくる」という制作者と職人の執念やこだわりがそこにはありました。きものを単なる着るものでなく、女性を美しく飾る作品として決して妥協しない、「創り手の矜持《きょうじ》」が強烈に感じられました。

仕事にはとことん厳しい清水さんは、店内で売れなければ店外で積極的に売ればいいという柔軟な考えの持ち主でもあり、私の販促アイデアを繰り返しバックアップしてくれました。

肩書は百貨店の仕入れ担当バイヤーとメーカーの制作責任者でしたが、作品に対して真《しん》摯《し》に意見をぶつけ合い、対等な立場で良いビジネスができた、忘れられない人のひとりです。どの老舗にも清水さんのような優れた牽引役がいることが、着倒れの街・京都を京都たらしめているのだと思います。

百貨店に能舞台を設営

染織界の発展に尽くした巨匠「若松華瑶《かよう》」（1895〜1974）。その「生誕100年を期して何かやれないか」と、2代華瑶を襲名した娘の美知子さんから相談されたのは1995（平成7）年だったと思います。若松華瑶の名は耳にしていましたが、初代は私が横浜高島屋に入社して間もなく亡くなったため、詳しいことが分かりません。

調べてみると、1895（明治28）年、京都西陣の織物問屋に生まれた初代は、天才的な染織図案家として知られた人物で、能装束と行司装束に加え、唐織《からおり》帯地の制作者として名を成しました。1951（昭和26）年には東西の老舗を一堂に集め、それぞれの持つ技を競い合う「東西名匠老舗の会」を発案し、それが高島屋東京店で開催されました。この会は現在も続いており、高島屋ともご縁の深い方でした。

洒脱な性格で相撲好きとして知られ、角界や歌舞伎界、舞踊会、芸能界などに多くのファンを持ち、昭和30〜40年代に制作した行司装束は約30着。その中のひとつ「蜀紅錦《しょっこうにしき》八ツ

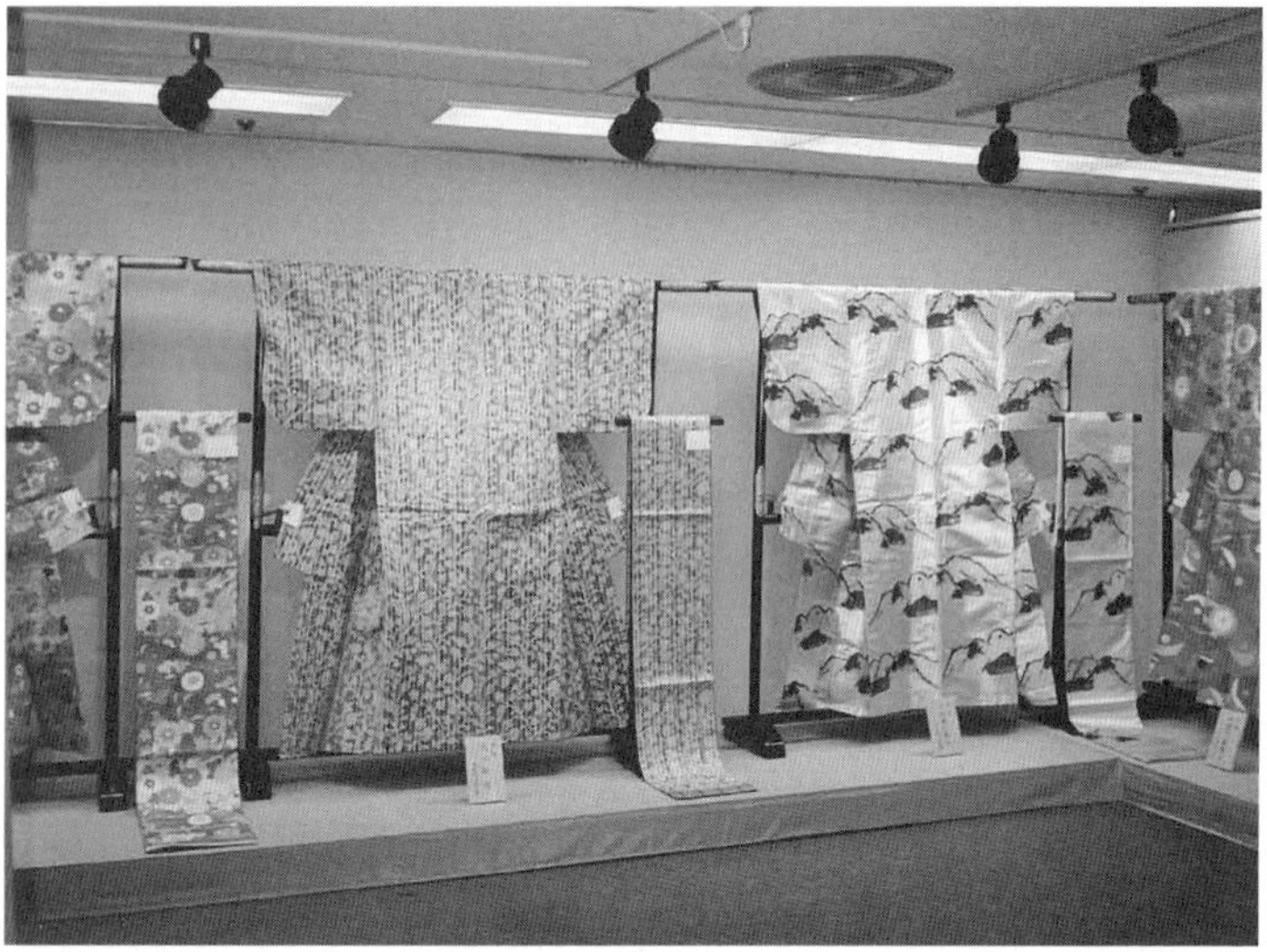

若松華瑶生誕100周年の唐織展会場には、見事な能装束と帯地が並んだ＝1995年９月

藤文」は日本相撲協会を通じて中国へ贈られ、北京博物館に収蔵されているそうです。

能装束の制作では自ら装束をまとって舞うことで装束の軽さや舞台映えを追求し、「新興昭和能装束１００種」制作の手掛かりとしました。

63（昭和38）年から前期50種、66（昭和41）年から後期50種の制作に取りかかり、ようやく完成したのは74（昭和49）年2月。10年以上の歳月をささげた歴史的偉業を完成させて間もない同月24日、78歳で永眠されました。同年11月に京都市美術館で「若松華瑤遺作昭和能装束百種展」が開催されると、多くの人がその技量と功績に思いを馳せ、死を惜しんだといいます。

私は改めて若松華瑶の偉大な業績に驚くとともに、華やかさの中に幽玄の美を表現した唐織帯地に魅せられ、「この素晴らしさをどう伝えたらいいのだろう」とあれこれ思案を巡らせました。

それからというもの、能に関する本を読んだり、ビデオを見たり、実際の能にも何度か足を運びました。にわか勉強ではありましたが、結論は「通常の展示会場では意味がない。能舞台でやりたい」という突飛《とっぴ》なものでした。

「能舞台を借りての展示会は現実的ではない。それならいっそ作れないだろうか」

すぐにツテを頼って梅若能楽学院会館（東京都中野区）を訪ね、恐る恐る相談すると、意外にも「ええ、できますよ。移動式能舞台があるので」とあっさり了解を得られたのです。そこで横浜高島屋の８階ギャラリーを実際に見てもらい、「能舞台に欠かせない橋掛かりも設置できる」ことを確認しました。

しかも能と縁の深い若松華瑶の生誕１００年展ということで、梅若家当代の56世梅若六郎（現・４世梅若実）師が出演を快諾してくださったのです。

企画書を見た副店長からは「梅若先生は百貨店の中の舞台ということをご存じなのか」

「本当に大丈夫か」と何度も念を押されました。謡曲を習い、能に造詣が深い副店長からすれば、いかにも非現実的な企画に思えたようです。

当初のイメージ通り、能舞台に能装束を、周囲に唐織帯地を展示して唐織展がスタートしました。そして初日の夕方の特別内覧会で、若松華瑤制作の装束をまとった梅若六郎師の「羽衣」を上演しました。観客は招待客150人のみでしたが、お得意さまから「素晴らしい内覧会にお誘いいただいてありがとう」と合格点をいただきました。

同展で販売したのは帯地ですが、「能」にこだわり、能装束の美しさを追求した「若松華瑤の唐織」の魅力を再現できたことが、企画の成功につながったのだと思います。

大名物の仕覆を精緻に再現

2001年の高島屋創業170周年にあたり、当時、関東事業部MD本部で高島屋グループが取り扱う呉服の仕入れ全般に責任を負う立場にあった私は、龍村美術織物（京都市）が復元制作する「名物裂《めいぶつきれ》」を特別販売する企画を仕掛けようと考えました。

名物裂とは、茶の湯で茶器を入れる袋（仕覆《しふく》）などとして珍重された高級絹織物のことです。茶の湯では由緒ある優れた茶道具を「名物」と呼び、その中でも茶の湯の最高位に位置する千利休がいた時代やそれより古いものが「大名物」と称して特に大切にされていますが、その大名物の仕覆を現代に甦らせようというのです。

私がその〝パートナー〟としてひそかに心に決めた龍村美術織物は、法隆寺や正倉院に伝わる古代裂などの伝統的な織物の研究に尽力したことで知られる初代「龍村平藏」が1894（明治27）年に創業した名家です。「復元と独創」を掲げて皇室儀礼や歴史的建造物の修復に使用される裂地、著名な建造物の緞帳《どんちょう》やタペストリーの製織・復元を行ってきました。

龍村美術織物と高島屋との関わりは古く、1927（昭和2）年に「第1回錦帯作品展」を開催して以来、4代にわたって「龍村錦帯《たつむらきんたい》」という高島屋ブランドを育ててきました。上品會のコンセプトである「飜古為新《ほんこいしん》（古きを飜《ひるがえ》して新しきを為《な》す）」は、初代龍村平藏が「温故知新」にちなんで考えた造語であり、戦争で途絶えた上品會の再開に際し、初代平藏のこんなエピソードが残っています。

「両方の手を叩くと音がします。ほら、このように」

そう言って両手をパンと叩いた平藏は、集まった同人たちに「今鳴ったのはどちらの手だったのでしょうか」と問いかけました。つまり、両方の手で叩いたからこそ音が鳴ったわけで、染織五芸は作り手だけでも売り手だけでも成り立たないということを説いたのです。そんな逸話を聞き知っていた私は、横浜高島屋時代の上司で、当時は龍村美術織物の役員になっていた亀岡傳十郎さんに相談を持ち掛けました。亀岡さんは、「よし分かった。私から龍村元さん（3代龍村平藏）に話してみる」と約束してくれました。

こうして始まった「甦《よみがえ》った名物裂」の企画は、根津美術館、五島美術館、永青文庫などが所蔵する大名物（または名物）の仕覆の中から、わび茶の祖とされる村田珠光の「三《み》爪龍文緞子《づめりゅうもんどんす》」、古田織部の「波梅鉢文緞子《なみうめばちもん》」など、名高い仕覆裂10種を選び抜き、復元するという画期的なもので、まさに21世紀初頭を飾るにふさわしい内容だったと思います。

とはいえ、織物の復元作業は劣化した糸の組織を一つ一つ解き明かしていかなければならず、並外れた根気と精密さが求められます。しかも茶道の世界で「大名物」と呼ばれる茶道具はどれも特別な存在で、取り扱う側の緊張と重圧は計り知れません。この難しい企画を実現できたのは、「龍村」の名のもとに継承されてきた復元技術と、織物研究家として研鑽《けんさん》を重ねた龍村さんの卓越した知見があったからこそです。

「甦った名物裂」は、茶の湯の歴史に関心を持つ人たちの興味を喚起したこともあり、高島屋創業170周年の特別販売としても大きな成功を収めました。

実は私が企画を持ち込む数年前から、龍村さんが歴史的作品の復元を模索しており、その着眼点の素晴らしさに感嘆したのがこの企画の原点です。学究肌の龍村さんは一見近寄りがたい威厳を感じさせますが、話してみると気さくで洒脱《しゃだつ》な文化人。龍村の2代目は初代平藏の次男、3代目を継いだ元さんは6男なので、初代の洒脱さを受け継いだのかもしれません。

いつだったか京都ホテルのバーで〝カルバドス〟をごちそうになり、それがアップルブランデーだと知った私は「いかにも龍村さんらしい」と思ったものです。

龍村元さん（3代龍村平藏、左）と筆者＝2000年ごろ、京都市内

Column

京友禅と宮崎友禅斎

友禅染めは江戸初期から行われるようになった糊置防染法による文様染めの一種で、京都の扇絵師・宮崎友禅斎により、江戸前〜中期に完成されたといわれています。友禅斎は井原西鶴の『好色一代男』にも京都で評判の扇絵師として登場し、友禅斎が元禄年間（1688〜1704）に描いた小袖の文様が流行し、その後、『都今様友禅ひいながた』というデザイン集が刊行されたことから、友禅染と呼ばれるようになりました。

そのうち、京都で生産される友禅染を「京友禅」といい、手描き友禅と型友禅とがあります。京友禅の工程は20段階以上あり、それぞれの専門化した分業制で、職人たちは「次の仕事がスムーズに進むように」という気持ちで仕事をしているそうです。

また、水洗の工程が染め上がりに大きな影響を与えることから、かつては鴨川や桂川、堀川で友禅流しが行われていましたが、現在は工場内の地下水が利用されています。

第4章　作家の心に触れる

産地を訪れ作家と交流

きものにはいろいろな種類があり、場所や目的によって何を着るかという決まりごとがあるため、ハードルが高いと感じている人が多いのだろうと思います。

格式の高い留め袖や訪問着などは着る人や機会が限られていますが、老若男女を問わずおしゃれ着として着られる紬《つむぎ》は販売対象者が多く、売る側としては間口の広い商品です。

そのため高島屋では毎年夏の閑散期、東の横綱とされる結城紬（茨城県／栃木県）、西の横綱とされる大島紬（鹿児島県）の頭文字から名付けた「OY作戦」を展開して集中的に売り込みを図り、私も呉服特販課の一員として売り上げ増強に奔走しました。

結城紬は（1）真綿から引き出す「手紡ぎ糸」を（2）手くびりによる「絣《かすり》くくり」にし（3）原始的な地機《じばた》で織る3工程を条件に重要無形文化財の指定を受け、2010（平成22）年にはユネスコ無形文化遺産にも登録されました。

大島紬は奄美大島に自生するテーチギ（車輪梅）から採れる赤茶色の染料と泥田の鉄分が反応を起こし、繰り返し染めることで奥深い色合いを生み出します。どちらも軽くて着心地が良く、きものの好きな人ほど手に入れたがる名品です。

OY作戦で好成績を上げた私はその報奨として、大島紬の産地である鹿児島を訪れる研

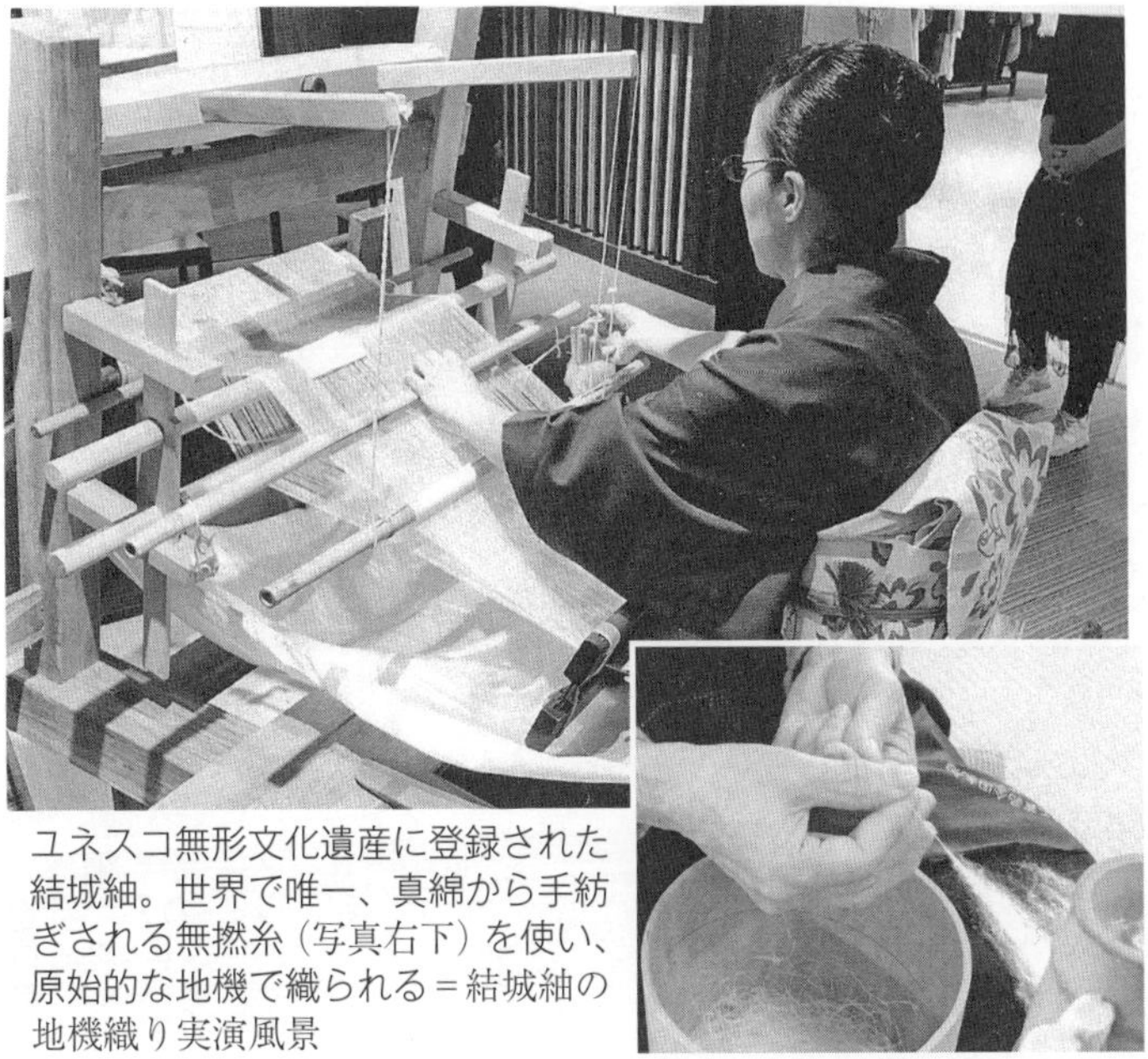

ユネスコ無形文化遺産に登録された結城紬。世界で唯一、真綿から手紡ぎされる無撚糸（写真右下）を使い、原始的な地機で織られる＝結城紬の地機織り実演風景

修旅行にバイヤーの青戸寛さんと特販課の先輩の伊藤郁夫さんとともに初めて選ばれました。きものに関する知見を広く問われる営業ではとても先輩にかないませんでしたが、ＯＹ作戦では結城紬と大島紬についてのみ知識をたたき込めば良かったので、販売実績を上げることができたのです。

　このとき、鹿児島市で恵美智雄さん、奄美大島では児玉光さん、南弘和さん・修郎さん兄弟、西勝廣さんらと出会い、大島紬・焼酎・ラーメンを3本柱とした長い交流が始まりました。

恵さんはお笑いコンビ「ホンジャマカ」の恵俊彰さんのお父さんで、白薩摩という陶器の原料になる白い泥を使った「白恵泥《はっけいどろ》大島紬」を生み出した人物として知られています。絣技術や染色法に優れているため、それまでの白大島紬とは異なるしなやかさや光沢があり、加えて独自のデザインに人気がありました。

研修旅行で奄美大島を訪問した筆者（前列右）＝1998年

大島紬の発祥の地は奄美大島ですが、第2次世界大戦中に本土の鹿児島市内に疎開し移住した職人たちによって島外でも生産されるようになり、現在は奄美大島の名瀬周辺と鹿児島市が主な生産地となっています。

戦後、本土を中心とする「本場大島紬織物協同組合」が2本の日本国旗をあしらった産地表示マーク（旗印引証紙）を引き継いだため、1953（昭和28）年に本土復帰した奄美群島に戻った職人たちは「本場奄美大島紬協同組合」を設立、金茶色の地球のマークをデザインした新たな組合証紙（地球印証

紙）をつくり、産地証明に使うようになったそうです。

産地を訪れてそうした歴史を知り、創り手と交流することは、この後きものを販売する上でも大いに役立ちました。

話はさかのぼりますが、私が染織における「作家」の存在を意識したのは１９７７年ごろで、後に文政時代（１８０４～１８３０）から続く京友禅の名跡「田畑家」の５代喜八を襲名した田畑禎彦さんとの出会いが最初です。同じころ、高島屋で開催した田畑喜八作「智恵子抄のきもの」がテレビで取り上げられ、多くのお客さまが訪れたことが強く記憶に残っています。

それ以来、私は16歳年上の田畑さんから40年以上の長きにわたり、有形無形の教えを受けています。

一枚のきものを宝物に

横浜高島屋のバイヤー時代は、より多くのお客さまを固定客として定着させて売り上げを伸ばすため、お客さまを各地にご案内するショッピングツアーの企画に力を入れました。いつ、どこへ行くにしても、ツアーを滞りなく実施するため、私は常に下調べや下見に多くの時間を割いてきました。

中国ツアー中もお客さま最優先で、深夜までスケジュール調整や翌日の打ち合わせに追われ、毎日が睡眠不足。やることが多すぎて食事も満足に取れず、5、6日のツアーでいつも数キロは痩せました。われながらよく倒れなかったと思うほどで、ツアー終盤にはいつも「もうこれを最後にしよう」という気持ちになりました。

ところが別れ際にお客さまから「ありがとう、とても良かったわ」「次はどこか、今から楽しみにしているわ」と笑顔で言われると、つい「はい、かしこまりました」と応えてしまっている自分がいました。

本来の目的であるきものの販売に割く時間は、実は1回のツアーの中で、せいぜい2時間程度しかありません。それでも参加者の皆さんに心から喜んでもらおうと懸命に尽くしたことが好結果につながりました。リピーターも多く獲得し、そのおかげで10年も続けられたのだと思います。

国内のツアーでもイベントに工夫を凝らしました。例えば新潟県の「六日町《むいかまち》雪まつりツアー」で、六日町温泉の「ほてる木の芽坂」を会場にして販売会を行ったときのことです。豪雪地帯であることを生かしてかまくらを作ってもらい、その中で銘酒「越乃寒梅」を

「六日町雪まつりツアー」のかまくらの前でお客さまを案内する筆者

呑み、つきたての餅を食べたのです。昔ながらの「どてら」や「もんぺ」を着たお客さまは、靴下の上にビニールをかぶせて「わらぐつ」を履き、すっかり童心に帰って雪遊びを楽しんでいました。

この地域のツアーでたびたびお世話になったのが、六日町（現・南魚沼市）で越後上布《じょうふ》や塩沢紬《つむぎ》を手掛ける林宗平工房の初代・林宗平さんです。

上布とは上納品として用いられた上等な麻布、紬は真綿糸や玉糸などを用いた先染め・平織りの織物のこと。越後上布は、今は南魚沼市となった塩沢町と六日町に伝わる平織りの麻布で、１９９５（平成７）年に国の重要無形文化財に指定されました。また、塩沢紬は塩沢町で大正時代以後、麻織物に代わって織られるようになった紬です。

林さんは独自の製法による古代紬を開発した功労者で、宗平さん、正機さんの親子２代にわたって伝統的工芸品公募展で内閣総理大臣賞を受賞され、今では孫の秀和さんがその技法や伝統を受け継いでいます。

先ごろ、私が宗平さんと知り合った当時はまだ小学生だった秀和さんが3代目の社長に就任したと聞き、いろいろなことが懐かしく思い出されました。

宗平さんが喜寿を迎えた年に合わせて六日町新米ツアーを催し、ささやかな贈り物を手渡すと、宗平さんは感極まって涙を流されたのです。そのとき、職人さんとバイヤーは同じ船に乗る同士なのだという強い絆を感じました。

そうした職人が手掛けた素晴らしいきものをお客さまに届けるのが私の仕事で、ショッピングツアーはお客さまが創り手である作家や職人に近づき、その人柄に触れる貴重な場でもあります。そうして一枚のきものを宝物のようにして買う、それがショッピングツアーの醍醐味《だいごみ》なのです。

職人魂の神髄にただ感動

全国各地のきもの産地を巡り歩いた私は、いつの間にか全ての都道府県を訪れていました。回数では圧倒的に京都が多く、鹿児島（大島紬）、茨城（結城紬《つむぎ》）、新潟（塩沢紬／越後上布《じょうふ》／小千谷紬など）、山形（置賜紬《おいたま》）、石川（加賀友禅）、そして染織王国と呼ばれる沖縄が上位を占めます。

優れた染織品は日本各地に存在し、それらに出会うことは、私にとって人生の楽しみのひとつとなっていきました。記憶に残る職人さんや染織はたくさんありますが、特に強烈な印象を受けたのが、「紅花寒染」で知られる山形県米沢市の山岸幸一さんです。

末摘花《すえつむはな》とも呼ばれる紅花は4月上旬から中旬にかけて種をまき、鮮黄色の花が赤みを帯びた7月、朝露で棘《とげ》が湿って柔らかいうちに花を摘みます。花びらを水に浸し、揉《も》んでから発酵させ、臼に入れて杵《きね》でつき、丸めて乾燥させたものが「紅餅」です。かつては最上川を下って酒田から京都へ運ばれ、染物屋や紅屋に卸されていました。

この紅餅を使う染めの作業を見学したいとお願いすると、「夜中から明け方までかかる」との返事をいただき、私は半信半疑で雪深い厳寒期に訪ねました。

まず染色液を作ります。木桶《おけ》の中で時間をかけて紅餅をほぐし、それを麻袋に入れて絞る作業が午後9時ごろに始まり、2、3時間おきに3～4回繰り返されます。そして染色液で薄く染まった糸の入った桶に、発色・色止め効果のある媒染剤となる烏梅《うばい》（完熟した梅の実に煤《すす》をまぶして蒸し焼きにしたもの）を戻した汁の上澄みを入れると、それまで薄紅色だったのが鮮やかな紅色に一変。まさに息を呑《の》むような光景でした。

この染色液で、繭を引き延ばして紡いだ真っ白な真綿糸を染めていくのです。糸を液に漬けては引き上げ、空気に触れさせる作業を10回以上も繰り返した後、凍《い》てつく清流で洗い、雪原の中に干していきます。新しい糸だけでなく、前年や前々年の糸も染め重ねられ、紅色に深みを加えていくというのだから驚きです。

鮮やかな紅色に染まった真綿糸を凍てつく清流で洗う山岸幸一さん

「手は真っ赤になるけどしもやけはしない。これは紅花の恵みですね」

極寒の中で淡々と作業を進める山岸さんに圧倒され、私は言葉を失うほど感動しました。

作業が一段落して話を聞いた私は、人はここまでこだわるものなのかとさらに驚嘆させられたのです。

山岸さんは糸を染めるだけでなく、自ら紅花を育て、糸作りのために養蚕も行っていたのです。国内で唯一、奈良県月ケ瀬村で中西嘉久さんが作る烏梅を使うのもその長所を知るからこそ。そして太陽・風・水の条件が整った場所を探して工房を構え、最上川の源流から水を引き込んでいます。

山岸さんの原点は、機械織りと手織りは似て非なるものだと気づいたこと。さらに400年の歳月を経ても色あせない上杉家伝来の小袖を見て、山崎青樹《せいじゅ》氏に草木染めを学んだことだそうです。物や人との出会いから気づきを得て、自らの人生の糧とするには、常に出会いに敏感でなければならないと感じ入りました。

沖縄の染織の魅力に触れる

私が沖縄の染織の素晴らしさを知ったのは1990年代初め、麻布工芸美術館で開催された「琉球紅型《びんがた》・城間栄喜《えいき》遺作展」でした。多彩で華麗で、それまで私が抱いていた紅型のイメージを超えるものばかり。また、作品の見せ方が美術館らしく洗練され、幔幕《まんまく》も、風呂敷も、きものも、帯も、みずみずしく力強さを感じさせるものでした。

「紅型の展覧会をぜひ高島屋で開催したい」

私は旧知の問屋を通じて、遺作展を主催していた染織品取扱会社に打診しましたが、あっさり断られてしまいました。

諦めきれない私は横浜店企画宣伝部の関口協さんに同行してもらい、琉球紅型を大切に扱う企画を具体的に提案しました。呉服売り場や催事場ではなく、天井が高いギャラリーで美術館のような展示を再現したい。そうした新たな試みに挑戦したいというのも動機のひとつだったのです。

その後、主催者と栄喜さんの長男の栄順《えいじゅん》さんから了承を得て、実現した遺作展は大成功。さらに97（平成9）年の沖縄本土復帰25周年に、横浜高島屋で「琉球の美『手技』の輝き展」を開催し、栄順さんに「海・波・浜」という紅型のシリーズ作品を制作してもらいました。

このときも天井からきものをつるすなど見せ方を工夫しました。また栄順さんと小説家の立松和平さんとのトークイベントには、栄順さんの人柄がにじみ出て、聞いていて温かい気持ちになりました。

沖縄文化を紹介する「沖縄展」は、本土復帰の周年行事など折に触れ高島屋でも何度も開催しましたが、このときの反響は特に大きかったと記憶しています。

「琉球の美『手技』の輝き展」会場を訪れた城間栄順さん
＝1997年、横浜高島屋

紅型は琉球王国時代に中国、日本、東南アジアなどの影響を受けて生まれた染色で、「紅」は色、「型」は文様を意味します。

城間家は紅型三宗家のひとつとして琉球王府に仕え、首里に工房を持っていましたが、琉球処分と太平洋戦争で衰退を余儀なくされました。城間家14代目の栄喜さんは材料の買い付けに出向いた大阪で徴兵されて長崎で、長男で15代目となった栄順さんは疎開先の熊本で何とか終戦を迎えたものの、沖縄に残った妻と三男は戦争の犠牲になりました。

戦後、栄喜さんは焦土と化した沖縄で、米軍の廃品などから代用の道具類を自作し、紅型の復興に取り組みました。次男も病没する逆境の中、唯一の希望は戦前に大阪で預けた

50枚の型紙を沖縄に持ち帰れたことだったそうです。

そして本土復帰後は紅型できものや帯をつくることで需要を喚起し、紅型の技術の継承を図りました。長男の栄順さんだけでなく、娘婿の玉那覇有公《たまなはゆうこう》さん（紅型初の人間国宝）、弟子の藤村玲子さんらに惜しみなく技術を伝えました。

紅型とその苦難の歴史を知った私は、どんな染織にも独自の歴史があることを胸に刻みながら、お客さまにお届けしなければ、と思うようになりました。

栄順さんとの交流は今も続き、作品制作依頼や研修のほか、家族旅行で何度も立ち寄らせてもらっています。

染織に歴史と人あり

1942（昭和27）年5月15日は、沖縄の施政権がアメリカから日本に返還された日、いわゆる沖縄の本土復帰がかなった日です。

染織王国といわれる沖縄ですが、特に「織物」は多様で、久米島の久米島紬《つむぎ》、宮古島の宮古上布《じょうふ》、石垣島（八重山諸島）の八重山上布、与那国島の与那国花織《はなおり》、竹富島のミンサー織など、土地ごとに創意工夫の異なる織物が伝わっています。

中でも私が心引かれたのが沖縄本島北部の大宜味村の「喜如嘉《きじょか》の芭蕉布《ばしょうふ》」。その理由は軽やかで素朴な美しさに加え、芭蕉布の第一人者、平良《たいら》敏子さんの人柄による部分も大きいと思います。

平良さんは1921（大正10）年生まれ。祖父の真祥さんは喜如嘉に初めて高機《たかばた》（原始的な地機《じばた》を改良したもの）を導入し、父の真次さんは大宜味村芭蕉布組合を設立するなど、芭蕉布の品質向上や販路の拡大に努めました。

母を手伝って芭蕉布織りを覚えた平良さんは戦時中、岡山県倉敷市の軍需工場、万寿航空機製作所で働いていました。そこで民芸運動の理解者であった大原総一郎社長から沖縄の伝統的織物の文化精神面を説かれ、染織家の外村《とのむら》吉之介さんから技術面を指導してもらったそうです。

戦後、沖縄に戻った平良さんは、テントや靴下などの糸をほぐして機織りを再開しました。ネクタイやクッションカバーなどをほそぼそと作りながら、芭蕉布の復興を決意し、注文を受けて着尺の残り糸で帯を作るようになりました。絶えずお金の工面に追われる中で、平良さんは糸を績んでくれる人や織り子さんに破格の日当を支払いました。それは芭蕉布に誇りを持ってもらうためであり、平良さんの芭蕉布に対する自負でもあったのだと思います。

こうした努力の末、「喜如嘉の芭蕉布」は1974（昭和49）年に国の重要無形文化財の指定を受け、平良さん自身も2000（平成12）年に人間国宝となられました。

初めて直接お会いしたのは私が40歳、平良さんが70歳のころ。芭蕉布は糸芭蕉の栽培から織りまで、全行程を手作業で行う唯一の織物。きもの1反織るためには約200本もの糸芭蕉が必要となります。

「私はもし目が見えなくなっても仕事ができるのよ。指が覚えているから」という平良さんは今もバリバリの現役。しかも若いころは「ハイカラ敏ちゃん」と

識名園で開かれた白寿記念作品展であいさつする平良敏子さん
＝2019年３月

呼ばれ、喜如嘉の女性で初めて自転車に乗ったそうです。

２０１９（平成31）年３月、那覇市の琉球庭園として知られる識名園で「白寿記念作品展」があり、私は前夜のお祝い会で乾杯のあいさつをさせていただきました。

それに先立つテープカットと内覧会で「毎日いい糸が取れますようにと祈って仕事をしております。ごゆっくりご覧ください」と話された平良さん。翌日から一般公開の会場で、ひたすら苧《お》を績《う》んでいました。

「績む」とは麻の繊維を裂いて糸を作る作業を指す独特の言葉です。芭蕉布は「糸作りが全て」といわれており、糸芭蕉の根と先の繊維を機結《はたむす》びという手法で順番につないで糸にするのは最も骨の折れる繊細な仕事で、熟練者でないと均一な糸はできません。それを約２万２千回もつないで、ようやく１反分の糸になるのです。

何も語らず淡々と糸をつないでゆく平良さんの仕事ぶりに多くの来場客が感激し、中には涙を流す人さえいました。私もまた、沖縄の自然の光と風にゆらゆら揺れる魂の織物「芭蕉布」に囲まれながら、平良さんの崇高な仕事ぶりを前にして、ただただ頭を下げざるを得ませんでした。

同時にこの貴重な芭蕉布という作品を通して、その背景にある仕事や歴史を伝えていくことが、私たちの役目であると心に刻みました。

貪欲に画題の原点を訪ねる

私は日本各地を巡り、多くの作家や職人さんと交流を深めてきました。中でも最初に知り合った5代田畑喜八さんとは後年、バイヤーとして個展を手掛けるようになったこともあり、特に親しくなりました。

約200年続く手描き友禅の田畑家は、京都御所や二条城など、公武の上流階級を中心とした誂《あつらえ》染師《そめし》として重用されてきました。

手描き友禅で初めて人間国宝に認定された3代を祖父に、日本工芸会の設立発起人に名を連ねた4代を父に持つ田畑さんは、日本伝統工芸士会会長などを歴任し、2006(平成18)年秋には旭日双光章を受章しています。

田畑家を象徴する「茶屋辻」は、麻地に藍の濃淡で精緻な模様を施した染帷子《そめかたびら》です。「辻」は「帷子」のことで、茶屋染めの帷子を意味し、元々は夏場に着る麻の単衣でした。その端正な美しさは絢爛《けんらん》豪華な安土桃山から質実剛健の江戸へ、時代の価値観が大きく転換したことを示したい徳川家に重用されました。

江戸初期の茶屋辻は将軍家と御三家のみに着用が許され、他の大名家や豪商の憧れだったとか。藍は庶民的な染料ですが、手間のかかる茶屋辻は贅沢《ぜいたく》品であり、しかも将軍家と尾張は総柄、紀州は松、岩、波などの海浜風景、水戸は本や楽器といったように柄に違いがあり、着ているものでどの家の者なのかが分かったそうです。

田畑家を象徴する「茶屋辻」（尾張徳川家）と製作者の田畑喜八さん（右）と小田勝義さん

江戸開府400年にあたる2003（平成15）年は都内各所でさまざまな催しがありましたが、日本橋高島屋では、田畑さんが復元制作した徳川御三家の茶屋辻を記念企画として大々的に仕掛けました。

できる限り忠実に再現するために、当時と同じく奈良で栽培した苧麻《ちょま》を、数十日かけて天日にさらして漂白した奈良晒《さらし》を準備するなど、あらゆる手間を惜しみませんでした。こうして制作された田畑さんの「御三家の茶屋辻」は格調高く優雅な気品にあふれ、芯に力強さを秘めた素晴らしいものとなりました。

この大仕事の余韻も覚めやらぬころ、近江八景の図柄に取り組んでいた田畑さんから突然「中国に行く」という連絡がありました。琵琶湖周辺の名所を描く近江八景はポピュラーな風景文様ですが、その原点である中国の「瀟湘《しょうしょう》八景」をどうしても自分の目で見たくなったというのです。茶屋辻には山水や流水、庭園、花鳥などの精緻な風景模様が描かれることが多く、近江八景をモチーフに選ばれたのはごく自然であり、私も若いころ、近江八景を訪ね歩いたことがあります。

大いに好奇心をあおられた私はすぐ同行を申し出ました。しかし琵琶湖の南西部、大津市周辺に集中している近江八景と違い、瀟湘八景の画題となった場所は湖南省の広域に点在しています。

「洞庭秋月」で名高い洞庭湖はすぐに分かりましたが、八景の中には今では調べがつかず、現地の人に聞いても見つけられない場所もありました。準備不足もあって八景全てを見ることはできませんでしたが、田畑さんには十分なインスピレーションがあったらしく、その後、素晴らしい作品を完成させました。

いつだったか、美人画で有名な女性日本画家「上村松園《うえむらしょうえん》」を取り上げる企画で、松園の孫の上村淳之《あつし》さんと祇園で打ち合わせをしたときのこと。淳之さんから、父の松篁《しょうこう》さん（松園の息子）は「見たままを描くのではなく昇華させてから描け」が口癖だったと聞きました。しかも「父は海外から取り寄せた白い鷹《たか》を毎日眺め続け、描かないまま亡くなった」というのです。

このエピソードを聞き、松篁さんにしても、田畑さんにしても、どこまでも妥協しない一徹な創作態度に深い感銘を受けました。

Column

瀟湘八景と近江八景

瀟湘八景は中国の山水画の伝統的な画題のこと。湖南省北東部にある洞庭湖に流入する瀟水と湖江の合流する地域を瀟湘といい、古くから風光明媚な土地として知られてきました。その後、東アジア各地に伝播し、日本でも盛んに描かれるようになり、滋賀県の大津市を中心とした近江八景のように本家になぞらえた固有の八景が生まれていきました。

瀟湘八景

瀟《しょう》湘《しょう》夜《や》雨《う》
平《へい》砂《さ》落《らく》雁《がん》
煙《えん》寺《じ》晩《ばん》鐘《しょう》
山《さん》市《し》晴《せい》嵐《らん》
江《こう》天《てん》暮《ぼ》雪《せつ》
漁《ぎょ》村《そん》夕《せき》照《しょう》
洞《どう》庭《てい》秋《しゅう》月《げつ》
遠《えん》浦《ぽ》帰《き》帆《はん》

近江八景

唐《から》崎《さきの》夜《や》雨《う》
堅《かた》田《だの》落《らく》雁《がん》
三《み》井《いの》晩《ばん》鐘《しょう》
粟《あわ》津《づの》晴《せい》嵐《らん》
比《ひら》良《の》暮《ぼ》雪《せつ》
瀬《せ》田《たの》夕《せき》照《しょう》
石山《いしやまの》秋《しゅう》月《げつ》
矢橋《やばせの》帰《き》帆《はん》

唐崎神社
浮御堂
三井寺
粟津原
比良山系
瀬田の唐橋
石山寺
矢橋

第5章　風土が育むきもの

日本の織物のあゆみ

日本の染織の歴史は古代にまでさかのぼることができますが、その歴史は室町時代の応仁の乱（１４６７〜１４７８）前後で一変したという見方もあります。

都を焦土と化した大きな戦乱により、平安時代以来培われてきた高度な絹織物の生産が中断し、中には途絶えてしまったものもありました。その反面、乱後に再興された西陣では、中国から勘合貿易でもたらされた金襴《きんらん》、緞子《どんす》、唐織《からおり》、繻子《しゅす》などの技術を導入し、今日に続く織物産地の礎を築きました。

世界的にも有名な「西陣」の名が、応仁の乱で西軍の陣地が置かれた土地に由来することに、歴史の皮肉が感じられます。

同じころ木綿の栽培が始まり、それに伴って綿織物が生まれ、南蛮貿易を通じて到来したインド更紗などが日本の文様意匠に大きな影響を及ぼしました。

江戸や大阪が大都市に成長した17世紀になっても、染織産業の中心地は山城国（京都府）でしたが、18世紀になると京における絹の白生地生産は激減し、先染め織物や紋織り物が主流となっていきました。

江戸時代中期の享保年間（１７１６〜１７３６）には、養蚕業が奥州や上州、信州地方に広がり、養蚕や製糸、製織の技術も著しく進化しました。豊かになった都市の町人の間で生まれた衣装の「流行」は、友禅染や小紋などの染め物の多様化を招き、南から伝播してきたと思われる絣《かすり》の技術は西日本の木綿産地に広まり、紬、上布などにも活用されるようになっていったのです。

染織産業は各藩の殖産興業の対象となった江戸時代に、技術、意匠ともに著しい発達を遂げ、地域性豊かな染織工芸の基礎が築かれました。しかし、その多くは戦後の高度経済成長期の機械化による大量生産の波にのみ込まれ、今日では伝統工芸の一カテゴリーとして、文化財保護法などの施策の保護下で伝統と技術の伝承を図りつつ、新たな方向性の模索を続けています。

一枚のきものに袖を通すということは、日本の伝統と歴史を身にまとうことでもあるのだと感じます。

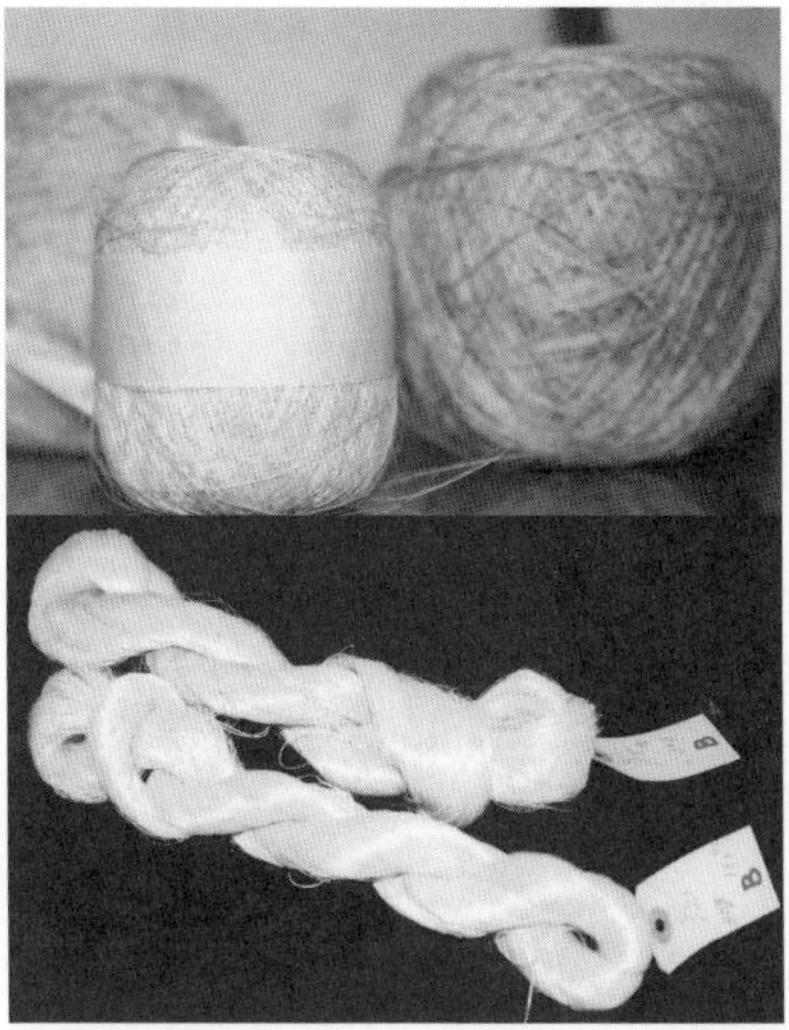

きものに使われる糸は基本的に天然繊維で綿や麻（上）などの植物性繊維と絹（下）やウールといった動物性繊維に分けられる

日本のきものと染織五芸

蚕や植物などから糸を採り、経緯に組み合わせてつくる織物の歴史は古く、世界各地でそれぞれに伝えられてきました。そうした織物の始まりの多くは家族や身近な人たちのために織られたものでした。

素朴な自然の産物だった織物は、やがてその土地に自生する植物で染められるようになりました。糸の段階で染めるものを先染め、染めていない糸で織り上げた織物（白生地）に染めを施すもの後染めといいますが、丹精込めて織り上げられた織物はその土地ならではの特徴を育んでいったのです。その一部は貢納布（税金として納められる布）として流通し、人々の嗜好に合致した織物がもてはやされる「衣装の流行」

日本の豊かな染織文化は地道で繊細な手仕事によって支えられている

という新たな社会現象を生み、各地に産地が形成されていきました。

布を織ることとそれを染めることは不可分の関係にあることから、いつしか「染織」という言葉が生まれました。それぞれの気候風土に合わせて進化を遂げた染織品の中にはやがて日常品の域を超え、美術品と評されるものも登場するようになったのです。

そして染織の世界は東洋の珠玉と評される「織《おり》」「染《そめ》」「繍《ぬい》」「絞《しぼり》」「絣《かすり》」の五つの技法を駆使し、卓越した技能を持つ技術者によって守り伝えられ、さらなる高みへと昇っていきました。これらの技術は日本固有のものではありませんが、「きもの」というカテゴリーにおいて日本独自の進化を遂げ、世界に類のない和装文化を育んできました。

経済産業大臣が認定する日本の伝統的工芸品には、西陣織、結城紬など37の織物、京友禅や加賀友禅など11の染色、加賀繡《かがぬい》・京繡《きょうぬい》などが登録されています（２０１９年10月現在）。そしてこれらを都道府県別に見ると、新潟県と京都が6、東京都が5、そして沖縄県が13と群を抜いています。

奇しくも私が繰り返し訪れた産地や頻度に重なっており、それは単なる偶然ではなかったことを実感するとともに、日本列島の北から南まで、これほど多様な染織文化があることをとても誇らしく思います。

きものと日本文化

わが国の伝統的な衣服である「きもの」には、はるか二千有余年の歴史があり、今でも生活に密着した衣服として愛されています。しかも衣服には装飾性と実用性が不可欠ですが、日本のきものほどその両面を追求してきた衣服は世界に類を見ません。

そしてきものの価値は単なる工芸的な染織の素晴らしさにとどまらず、人生の節目を飾る大切な衣装として今も愛され、日々の暮らしの中に大切に引き継がれています。

例えば、妊娠から子どもの誕生、成長の節目には数々の祝い事が欠かせません。地方によって多少異なりますが、妊娠5カ月の安産祈願は岩田帯（さらし木綿）が妊婦の実家から贈られます。生後2～3日には「産着の祝い」として麻柄模様の産着を着せ、生後30日目または31日目に子どもの健やかな成長を祈る「初宮参り」では、赤ちゃんに「祝い着」を掛けます。祝い着は「一つ身」と呼ばれる背縫いのない豪華なきもので、男の子なら羽二重地の紋付きに鷹やめでたい図柄などの熨斗目《のしめ》模様、女の子なら縮緬《ちりめん》地に花柄などをあしらった友禅模様が一般的です。

また、7歳、5歳、3歳のいわゆる「七五三」は平安～室町時代に起源がある通過儀礼に基づくもので、それぞれに意味があります。

例えば、3歳はそれまで剃っていた髪を伸ばし始める「髪置きの儀」（髪立ち祝いともいう）、5歳は始めて袴を着ける「着袴《ちゃっこ》の儀」（袴着《はかまぎ》ともいう）、7歳はきものを着る時に紐ではなく帯を結ぶようになる「帯解きの儀」（紐落としともいう）がそれぞれの原型とされています。

七五三のお参りをする長女華子と次女文香

このほかにも、江戸時代中期に始まり京都を中心に関西で盛んな「十三参り」は、数え年13歳の子どもが知恵と福徳を授かるために「虚空蔵菩薩《こくうぞうぼさつ》」にお参りする行事です。京都嵐山の法輪寺、大阪天王寺の太平寺、奈良市の弘仁寺などが有名ですが、近年は東京の浅草寺など他地域にも広がり、女の子は晴れ着、男の子は袴でお参りする姿が見受けられます。

かつての京都では十三参りで本裁ちのきものを誂え、肩揚げして着た後、成人式までずっと着る慣わしがあったようですが、近年はレンタルきものなどの選択肢も多く、本格的な振り袖を作るのはやはり成人式という方が多いようです。

その後も卒業式にはきものと袴、結婚式には白無垢や打ち掛け、紋付き袴、そして結婚後は色無地や訪問着、格調高い黒紋付きなど、きものは人生の節目節目で大切な役割を担ってくれる大切なパートナーです。２０２２（令和４）年4月から法律上の成人年齢が20歳から18歳に引き下げられ、成人式がどうなるのか分かりませんが、多くの人がきものに親しむ機会として、長く続いてほしいものです。

黒潮が伝えた島々の泥染め

日本にはさまざまなきものがありますが、きもの愛好家の中には紬《つむぎ》を好む方が多いように思われます。

一般的な紬とは繭から採れた真綿から引き出す繊維に撚《よ》りを掛けながら糸を紡ぎ、染色、製織して創られる平織りの布のこと（結城紬は無撚糸を使用）。絹織物でありながら、素朴で温かな風合いを生み出す日本人好みの織物です。軽くて丈夫で趣味性が高く、絣や格子、縞柄などを中心に、おしゃれ着として広く用いられてきました。

紬には産地の名を冠したものが多く、結城紬（茨城県）、大島紬（鹿児島県）を東西の双璧とし、さらに置賜紬（山形県）、黄八丈・村山大島紬（東京都）、塩沢紬・小千谷紬（新潟県）、牛首紬（石川県）、信州紬（長野県）、久米島紬（沖縄県）などが知られています。

私も百貨店のバイヤーとしてだけでなく、きもの愛好家のひとりとして全国の紬産地を訪ね歩いてきましたが、創り手から染織技法や技術の説明を受けるたびに、それぞれの歴史の深さや技術の高さ、織物の美しさに感銘を受けてきました。

そんなことを繰り返しているうちに興味深い発見があり、心が躍りました。それは独自の技術伝承を持つ織物産地が海に隔てられ、遠く離れているにもかかわらず、同じ染色技法による織物が生産されているケースがあることです。

そのひとつが「泥染め」です。

泥の中の鉄分などを媒染剤とすることで、染料を発色させたり繊維に定着させたりする染色技法で、この泥染めを今も守り続ける島々が全国に3カ所あります。それが沖縄県の久米島の「久米島紬」、鹿児島県奄美大島の「大島紬」、東京都八丈島の「黒八丈」です。

3島とも長い歴史を持つ染織産地で、どのように泥染め技法が伝播したのか正確なことは分かりませんが、思い当たるのはこれらの3つの産地はいずれも黒潮の流れに沿って浮かぶ島々で、海上の道でつながっているということです。

また、久米島には宇江城岳、奄美大島には湯湾岳、八丈島には三原山と八丈富士があり、それらが鉄分の多い泥をもたらしたのかもしれません。ここでは私が各島々を訪ね、創り手の方々と語り合い、風土に育まれた染織に触れて感動したことを紹介したいと思います。

◇久米島紬　日本最古の絣紬

久米島紬を産する久米島は沖縄本島から西へ約100キロ、琉球王朝時代には本島と宮古・八重山などの先島諸島とをつなぐ中継地点であり、中国や東南アジアと結ぶ海外交易の要地でした。中でも中国との親交は深く、島内の遺跡からは中国の青磁などが出土しています。

14世紀後半に中国から養蚕技術が伝えられ、琉球のほかの島々の衣服がまだ芭蕉布や麻、木綿などの草木布が中心だったころから、久米島ではすでに絹織物が織られていました。そのころの沖縄の絹織物は、首里を除くとほとんどが久米島で織られていたという説もあり、琉球王府は久米島の織物を「御召料御用紬」という貢納布にしました。

1609（慶長14）年、琉球王国が薩摩藩に侵攻され、重い税が課されるようになると久米島紬は王府御用布となり、中国や日本本土への土産品・貿易品となりました。18世紀には「琉球紬」という名で江戸でも大人気となったほどです。

当時、久米島紬の制作は、図案の選定、染色の原料の採取、糸の染め付け、製織《せいしょく》のすべての工程をひとりの織子《おりこ》が手作業で行っていたといいます。そのせいかどうかは分かりませんが、久米島紬は女性に対する一種の人頭税の対象となり、米の代納として重い負担を強いられました。この貢納布制度は沖縄県設置を経た１９０３（明治36）年まで続き、産業として発展したのはその後のことです。

久米島紬はすべて、島内に自生する植物を煮出して採った染液を使って染色されます。黒褐色、赤茶色、黄色、うぐいす色、灰色の５色が基本色で、例えば、黒褐色にはグール（サルトリイバラ）の根、灰色にはユウナ（オオハマボウ）の幹を焼いたもの、黄色にはヤマモモとクルボー（ナカハラクロキ）の幹の皮などを用い、植物や媒染剤の違いによって独特の色調を生み出しています。

中でもテカチ（車輪梅）で染めた後、鉄分の多い泥田で染めて独特の色合いを出した泥染めの糸は艶のある黒に近いこげ茶色を呈します。それで織った地に、白、黄、茶を配した絣模様のコントラストの美しさは格別で、１９７７（昭和52）年に沖縄県の無形文化財に、２００４（平成16）年に国の重要無形文化財に指定されました。

養蚕や桑の栽培は一時途絶えていましたが、近年再開され、すべての工程を島内で行えるようになり、技術の伝承が図られています。

日本の紬絣技法はこの久米島を起点として発達し、沖縄本島、奄美大島を経て本土に伝えられ、大島紬、久留米絣、結城紬などの源流となったことから、久米島紬を日本最古の絣織物、あるいは紬絣という人もいます。

◇大島紬　きものの女王

大島紬を産する奄美大島は奄美群島に属し、単に大島とも呼ばれます。古くから海上交通の要所として「道の島」とも呼ばれ、島の南北からさまざまな文化が流入しました。奈良時代以前から絹布づくりや染色が行われていたらしく、東大寺の献物帳にある「南島から献上された褐色の紬」という記録は奄美大島のものだと考えられています。

泥染めの起源には諸説ありますが、奄美大島には。ある農家の主婦がテーチ木で染めた自分のきものを泥田に隠し、後で取り出して洗ったら黒く変わっていたため、この技法が広まったという伝説があります。

1720（享保5）年、薩摩藩から島役人以外が紬を着ることを禁じた「紬着用禁止令」

が出されています。これは薩摩藩が大島紬をサトウキビ（黒砂糖）と並ぶ特産品として重視していたことを示すもので、この頃にはすでに真綿から手引きされた紬糸をテーチ木（車輪梅）の煎じ液で染め、さらに泥田で染めたものを地機《じばた》で織っていたようです。

ちなみにサトウキビ原料とする黒糖焼酎は現在の酒税法により、奄美群島でのみ生産が認められています。

現在の大島紬は、先染め、手織りによる平織りの絹織物で、大島絣ともいわれるように、絣の柄の表現に大きな特徴があります。まず筵機《むしろばた》と呼ばれる織締め機で経糸にガス糸、緯糸に絣の絹撚糸糸を打ち込み、絣筵《かすりむしろ》という仮織りの織物を作ります。

これをテーチギ（車輪梅）の樹幹を煮出さした染液で染め、さらに鉄分の多い泥沼の中に浸け、鉄分の媒染効果で黒褐色に発色させる、この工程を数十回も繰り返した後、絣筵を手でほぐして絣糸を取り出します。これを織締《おりじ》めといい、仮織りされた絣筵の経糸の締められた部分が染まらずに白く残り、手括りではできない精緻な絣が出来上がります。

大島紬は使用する泥田の状態によって染色の仕上がりが異なるといわれており、泥田の鉄分が枯れると、「鉄を蘇らせる」と書く蘇鉄の葉を刻んで泥田に混ぜ込みます。すると、蘇鉄の葉に含まれる鉄分が泥田に溶け出し、再び泥染めができるようになります。

奄美大島の泥は久米島や八丈島の泥に比べてとても粒子が細かく、まるでベビーパウダーを水で溶かしたような柔らかさがあります。奄美の泥が古代地層に属するためといわれていますが、そのおかげで糸を傷つけることなく、美しく染め上げることができます。

大島紬には多色使いの色大島、白地に絣模様の白大島、薄地の夏大島などもありますが、代表的な大島紬といえば、泥大島紬と泥藍大島紬が双璧。テーチ木と泥染めによる泥大島紬は、「烏の濡れ羽色」といわれる艶のある黒褐色の地に渋い銀色の絣。植物藍で先染めした絹糸を泥染めして織られる泥藍大島は、泥染めの地に藍色の絣。どちらも精緻な絣模様で美しい光沢があり、きものの女王と呼ぶ人もいます。

◇黒八丈　漆黒の黒

黒八丈は「黄八丈」で知られる東京都八丈島で織られています。都心から南へ約280キロの海上に浮かぶ八丈島は流人の島という歴史を持ち、古くは源為朝、関ケ原合戦に敗れた宇喜多秀家、探検家の近藤富蔵などが送られました。

黄八丈とは、八丈島で「黄八」と呼ばれる山吹色（黄色）を主とした縞柄や格子柄の絹織物のこと。同じように、黒を主にしたものを黒八丈、樺色（鳶色＝赤味を帯びた明るい茶色）を種としたものを鳶八丈といい、これらを総称して「黄八丈」と呼んでいます。

八丈島の絹織物は平安時代末期に始まったとされ、室町時代に内地に伝わり、農産物に代わる年貢として納められるようになりました。貢納布としての扱いは江戸時代を通じて維持され、１９０９（明治42）年まで続きました。

初期は黄無地か白無地で「八丈絹」「丹後」などと呼ばれていましたが、樺染めや黒染めが始まると格子や縞などの柄を織れるようになり、「八丈縞」とも呼ばれました。当初は大名や大奥など限られた人々の愛好品でしたが、文化文政時代（１８０４〜１８３０）に庶民にも広まり、歌舞伎役者の衣装にも使われました。黄色に「不浄除け」の意味があることから、黄無地を好んで着る医者も多かったそうです。

黄・黒・樺の3色しかなかったのは、厳しい自然の中で得られる染料が限られていたためで、黄染めにはハチジョウカリヤス（コブナグサ）、黒染めにはシイ（スダジイ）の樹皮、樺染めはマダミ（タブノキ）の樹皮が使われています。いずれも島内に自生しているもので、日本人にとっては身近な植物ばかり。それぞれを大きな釜で煮て煎じた染液で数十回染め重ね、三原山を水源とする安川の清涼な水で水洗します。

このうち黒八丈に使うブナ科のスダジイの樹皮は、樹齢30年以上の木から採れたもの、それを乾燥させて3年以上寝かせたものが良いとされます。スダジイの液で染めることを20回以上繰り返した後、鉄分を含む泥の沼で2度泥染め（沼づけ）すると、スダジイのタンニンと鉄分が結合して独特の黒を生み出します。

こうして染め上がった糸を高機で織り上げ、製織時に使った布糊《ふのり》を落とすため、タワシで洗うという独特の工程があります。

テーチギで染める久米島紬や大島紬のような赤みを帯びた焦げ茶のような黒ではなく、墨のような漆黒の黒さは黒八丈ならではのもの。優雅で艶やかな光沢は、3代にわたって色あせないといわれ、今ではなかなか手に入らない稀少品です。


黒潮と泥染め――こうした視点で織物に触れ、取り扱うことができたのも、長く呉服に携わった者の役得なのかもしれません。

そういえば、久米島は泡盛の久米仙、奄美大島は黒糖焼酎が名産ですが、八丈島にも島《しま》酒《ざけ》と呼ばれる焼酎があります。その製法は薩摩からの流人が伝えたといわれ、芋、麦、芋と麦のブレンドなどの焼酎が造られています。

久米島、奄美大島、八丈島を結ぶ海上の道、その黒潮の潮音を聴きながら飲む一杯の酒に、泥染めの伝播の歴史を重ねるのもまた一興かもしれません。

琉球弧の織物　先島諸島の多様性

琉球弧とは、日本列島の西南端の九州から台湾まで続く２００前後の島々が形成する「弧」のことで、南西諸島、琉球列島などとも呼ばれます。北半分は鹿児島園、南半分は沖縄県に属し、沖縄県下の島々は実に１６１島にのぼります。

私は沖縄本土復帰20周年にあたる１９９２（平成４）年から染織王国と呼ばれる沖縄に繰り返し足を運び、多種多様な琉球染織に魅せられてきました。中でも宮古諸島、八重山諸島からなる先島諸島で出会った染織品に深い感銘を受けました。

例えば、宮古島には宮古上布、石垣島には八重山上布や八重山ミンサー、与那国島には与那国花織などの染織品が伝承されていますが、いずれも島に自生している草木や花などから染液を採り、手機で織り上げられたものです。

数え切れないほどの沖縄歴訪の中で最も印象深いのは、沖縄本島～石垣島～与那国島～石垣島～竹富島～本島～久米島～本島を巡る２泊３日の弾丸ツアー。２０１３（平成25）年11月のことで、産地の招聘によるものでした。

初日は羽田空港から那覇空港へ飛び、石垣島を経て与那国島へ、石垣島へ戻って1泊し、2日は竹富島へ船で往復した後、一度本島へ戻ってから久米島に移動して宿泊。3日目は久米島から本島を経由して帰京という慌ただしさです。

訪問先の島々で工房や創り手の皆さんに集まってもらい、直近のお客さまの好みや嗜好の変化、市場の動向などを説明するのが主な目的です。与那国島では20数名、石垣島では30数名、久米島では30数名が集まってくださいましたが、創り手の皆さんと染め織りについて熱く語り合うことは、私にとってはとても楽しい時間でした。

沖縄の素晴らしさは、行くたびに新たな発見があることです。日本には多くの伝統的な染織技法がありますが、沖縄の産地はどこも古態を守り、昔ながらの技術技法がしっかりと受け継がれています。これを何としても守っていきたいと思いを現地の人たちと共有すると同時に世に広める、それは私の使命のひとつだと思っています。

◇宮古上布

宮古島で織られる宮古上布は、世界で最も薄い織物といわれています。イラクサ科の多年草である苧麻の極細糸を絣で括染《くくりぞ》めにし、琉球藍で染め上げた上布で、軽く通気性に富む一方、三代物と呼ばれるほど丈夫で長持ちします。

宮古島では15世紀ごろから苧麻を使った麻織物が織られていたらしく、琉球王府への献上品となっていました。1609（慶長14）年、琉球が薩摩の支配下に入ると人頭税が課せられ、女性には宮古上布の貢納が義務付けられました。

薩摩藩の厳しい監督下で織られた上布は、薩摩藩を通じて流通したことから「薩摩上布」と呼ばれ、高級な麻織物として広く知られるようになりました。しかし、それを支えたのは現地の人たちの骨身を削るような過酷な労働だったのです。

宮古島では苧麻を「ブー」と呼び、爪でその

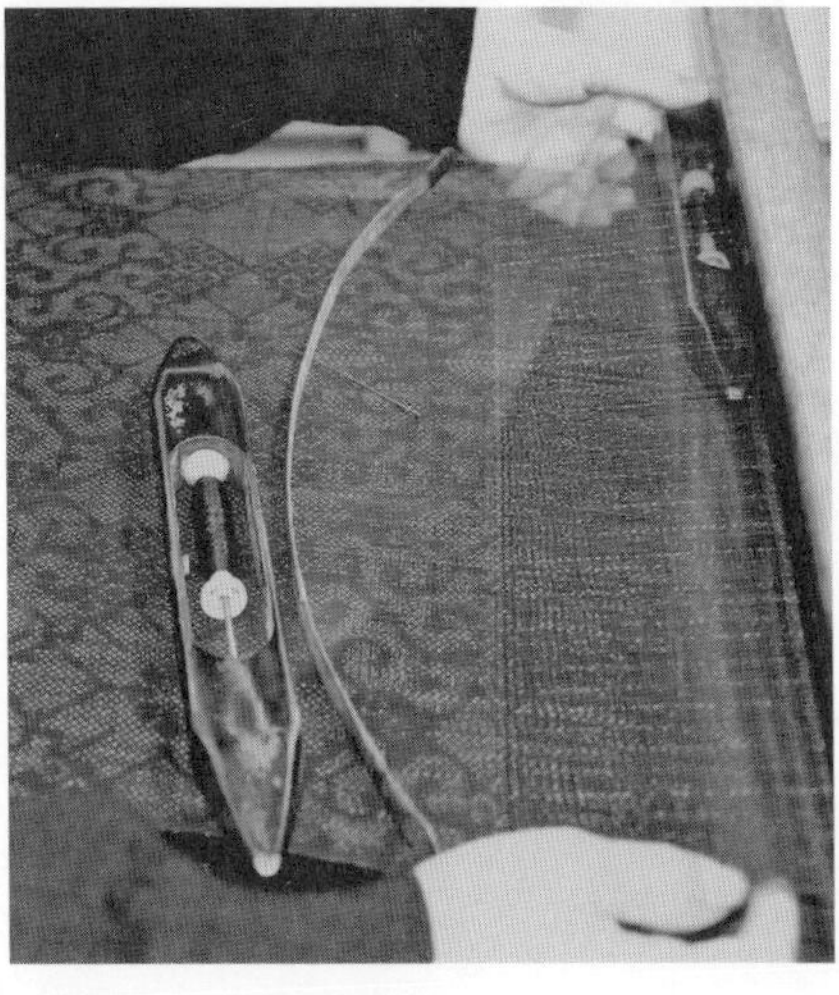

琉球藍で染められた宮古上布は精緻な模様が特徴（左）仕上げの砧打ちが独特の風合いを生む（上）

繊維を裂き、極細の糸に紡ぎ撚り合わせていきますが、この苧績み（ブーうみ）こそが宮古上布の真骨頂といえるでしょう。

琉球藍の括染めを繰り返した糸を経糸として１１００本も使い、３カ月以上かけて細かく白い絣模様の中に、精緻な亀甲や花柄の模様を浮かび上がらせていきます。最後に「砧《きぬた》打《う》ち」することで、滑らかな風合いとロウを引いたような艶が生まれ、宮古上布独特の光沢と柔らかさが生まれます。

糸を績んでから織り上がりまで、数年かかることも珍しくありません。こうした織り手の懸命の努力により、宮古上布は美しく芸術的な織物になったのです。

残念ながら藍染め絣の宮古上布の生産量はわずかとなってしまいましたが、透明感のある薄色のもの、草木染めや糸の太い縞模様など、これまでにない織物も織られるようになり、伝統に新たな魅力を添えています。

◇与那国花織と与那国の織物

沖縄本島から４００キロ、日本の最南西端に位置する島々を八重山諸島といい、石垣島、竹富島、小浜島、黒島、鳩間島、波照間島、新城島、西表島、由布島、与那国島などで構成されています。

八重山諸島の玄関口である石垣島へは那覇から約1時間、そこから日本最西端の国境の島・与那国島へはさらに約30分のフライトとなります。石垣島よりも台湾が近く、晴れた日には水平線上に台湾の山影を望むことができるそうです。

研修旅行で日本最西端に位置する与那国島を訪れた筆者（後列左）

そうした孤島の厳しい環境の中で染め織りされる与那国花織は、島に自生しているハイビスカスの花や草木を染料に使い、創り手の感性で織られる美しい織物です。

花織とは沖縄特有の浮織物で、経糸か緯糸を浮かせて小さな四角い模様を織り出す技法が特徴で、緯の浮糸で模様を織り込む与那国花織は、地の裏表が交互に入れ替わり、格子柄を組み合わせた優しい色合いに仕上がります。

同じ花織でも、模様に色を使わず組み織りの変化で織り出す首里花織（那覇市）のルーツは中国系、花をちりばめたように多彩な読谷山花織（ゆんたんざはなうい）（読谷村）のルーツは南方系と考えられています。

与那国島には琉球王朝時代に御用布として珍重された与那国花織のほか、絣織物のカガンヌプー、紋織り物のシダティ、縞織物のドゥタティなどの染織が受け継がれ、これらを与那国織りと総称し、１９８７（昭和62）年に国の伝統的工芸品の指定を受けています。

◇八重山上布

石垣島を中心とした八重山諸島で織られる八重山上布は、主に夏用のきものとして人気があり、藍染めの宮古上布が「紺上布」と呼ばれたのに対し、白地に絣の「白上布」として知られてきました。

緯糸に手績みの苧麻、経糸にラミー糸（手紡ぎでない苧麻の糸）を使用し、染料にはヤマイモ科の「紅露《クール》」など、島々に自生する植物が使われます。

絣糸は作り方によって、捺染上布と手結上布とに大別されます。捺染上布は石垣島と西表島にのみ自生する紅露の濃縮液を竹筆で摺り込んでつくる絣糸が用いられ、手結上布は藍や紅露、フクギ、ヤマモモ、ヒルギ（マングローブ）、相思樹などの植物染料に浸した

八重山の浜辺で捺染上布の海晒しをする人々

手括り糸を用います。

織り上がった後、強い日差しの下で10日ほど日晒しを行うと発色が鮮やかになり、さらに捺染上布は海水に浸ける海晒しを行うことで不純物が洗い流され、地色の白が際立ち、絣模様がより鮮やかに浮かび上がります。

最後に洗い張りした布を丸太に巻き、その上から木綿の布を巻き付けて、杵で打って仕上げます。こうすることで肌触りが良くなり、白い上布にこげ茶色の絣模様が浮かび上がるさまは、八重山諸島の透き通るような海と空、自然の草木を連想させる清涼感あふれる美しさに満ちています。

日本の夏を涼やかにする上布

上布とは文字通り上等の布を意味し、一般的には細い麻糸を平織りして作られる上等な麻織物を指します。１反の重さは４５０グラム前後、最上品なら２６０グラム前後しかない軽い薄手の麻織物で、蒸し暑い日本の盛夏の着尺地として長く愛用されてきました。言い換えれば、日本の気候が必然的に生み出した織物といえるかもしれません。

上布は着ている人だけでなく、周囲の人にも涼感を与える涼やかなきものですが、現在は生産量が激減していることが危惧され、商品というよりも「文化財」と考えた方がよいかもしれません。

先に紹介した宮古上布、八重山上布のほか、越後上布、能登上布、近江上布などが知られ、「東の越後、西の宮古」という人もいます。

◇**越後上布**（新潟県南魚沼市）

奈良時代から麻織物が織られていた地域で、苧麻を手績みにした糸を使い、江戸時代には緯

越後上布の美しさを際立たせる雪晒し（新潟県南魚沼市六日町）

糸に強く撚りをかけた越後縮（小千谷縮）が生まれました。

白さを増すため、早春の雪の上で何日もかけて雪晒しを行うのが特徴で、その光景は初春の風物詩としてなっています。雪の上に晒すと、太陽の日差しで溶ける雪の水蒸気からオゾンが発生し、繊維の汚れやしみを漂白する「天然の漂白剤」の役目を果たし、麻の風合いも増すといいます。

また、この地方では越後上布の技術を絹織物に応用した本塩沢（塩沢御召）、真綿糸を使用する塩沢紬、両者を夏用に改良した夏塩沢が誕生しています。

◇近江上布（滋賀県湖東地方）
湿潤な気候と豊富な水に恵まれた滋賀県の湖東地域では室町時代から麻織物が発達し、江戸時代になると中山道の高宮宿に集まる良質な麻織物は「高宮布」と呼ばれるようになりました。さらに彦根藩の振興策で品質が向上した近江上布は将軍家への献上品になる一方、近江商人によって各地に流通しました。

明治時代になると、主要産地は愛知郡、神埼郡（現愛荘町・東近江市）などへ移りましたが、生平《きびら》と絣織りの伝統的な技法は受け継がれています。生平には漂白していない手績みの大麻糸が、絣織りには櫛押捺染め、型紙捺染めによる絣糸が使われ、毛羽を焼ききる毛焼き、平仕上げ、あるいはわざとシワを付ける「シボトリ」と呼ばれる縮み加工など、多彩な仕上げ加工の技法を有しています。

◇**能登上布（石川県能登地方）**

近江上布の麻糸の産地であったことから技術を導入して産地に転じ、蟬の羽と形容される薄さと軽さで、昭和初期には麻織物として全国一の生産量を誇りました。織り上げた後に何でも海水に浸ける海晒を施すことで知られ、特徴的な絣柄を生み出す絣糸の染色には、板締め、櫛押し捺染、ロール捺染、型紙捺染のなどの技法があります。

かつては亀甲、十字、蚊絣などの男物が主流で、家を離れる男子の夏服として、必ず持たせたといいます。現在では「山崎麻織物工房」（石川県羽咋市）のみが唯一の工房となってしまいましたが、全国から若い織り手が集まり、その技を守っています。

古くなった越後上布は、改めて雪晒しを行うと、見違えるように美しく蘇ります。同じように結城紬は結城へ、大島紬は奄美大島へ、織物をそれぞれの故郷に戻してメンテナンスを施すことを「里帰り」と言います。里帰りによって大切なきものを長く着ることができるのも、先人の知恵という宝物だと思います。

Column

麻と麻織物

麻とは、亜麻《あま》、大麻《たいま》、苧麻《ちょま》（からむし）ラミー、ジュート、マニラ麻などの総称で、日本語で「麻」と呼ぶ場合は、大麻、苧麻、亜麻をはじめとする多種類の植物と、それらから作られた繊維や織物が含まれています。

植物学上の分類では、大麻はアサ科、苧麻はイラクサ科、リネンはアマ科に属し、生育環境や繊維としての機能も異なり、茎皮の部分を利用するものと葉の部分を利用するものとがあります。

海外では大麻はヘンプ、苧麻はラミー、亜麻はリネンと、品種によって呼び分けられていますが、日本では植物の茎から採れる繊維の総称として「麻」が用いられてきました。それは古来より、日本の庶民の衣服のほとんどが「麻（主に大麻や苧麻）」から作られていたからだと思われます。つまり、一般的な麻織物といえば、経緯とも苧麻や大麻の糸で織ったもののことです。

大麻は違法薬物というイメージがありますが、大麻から採取できる「有効成分」には幻覚作用や多幸感をもたらすテトラヒドロカンナビノール（ＴＨＣ）と、向精神作用がなく医療用に利用されるカンナビジオール（ＣＢＤ）があります。そのため、いわゆるマリファナ成分を含む大麻（高ＴＨＣ品種）、医療用大麻（高ＣＢＤ品種）、産業用大麻（極低ＴＨＣ品種）の3種類に大別され、日本では産業用大麻が合法的に栽培されています。その代表的な品種が栃木県で改良された「とちぎしろ」で、神社の注連縄や大相撲の関取のまわしなどにも使われています。

第6章　染織五芸～その原点へ

上海から蘇州への旅

昭和が平成と改まった１９８９（平成元）年は横浜市政１００周年、開港１３０周年という節目の年でした。横浜博覧会の開催、横浜ベイブリッジの開通、横浜アリーナや横浜美術館のオープンなどが相次ぎ、横浜は活気にあふれていました。

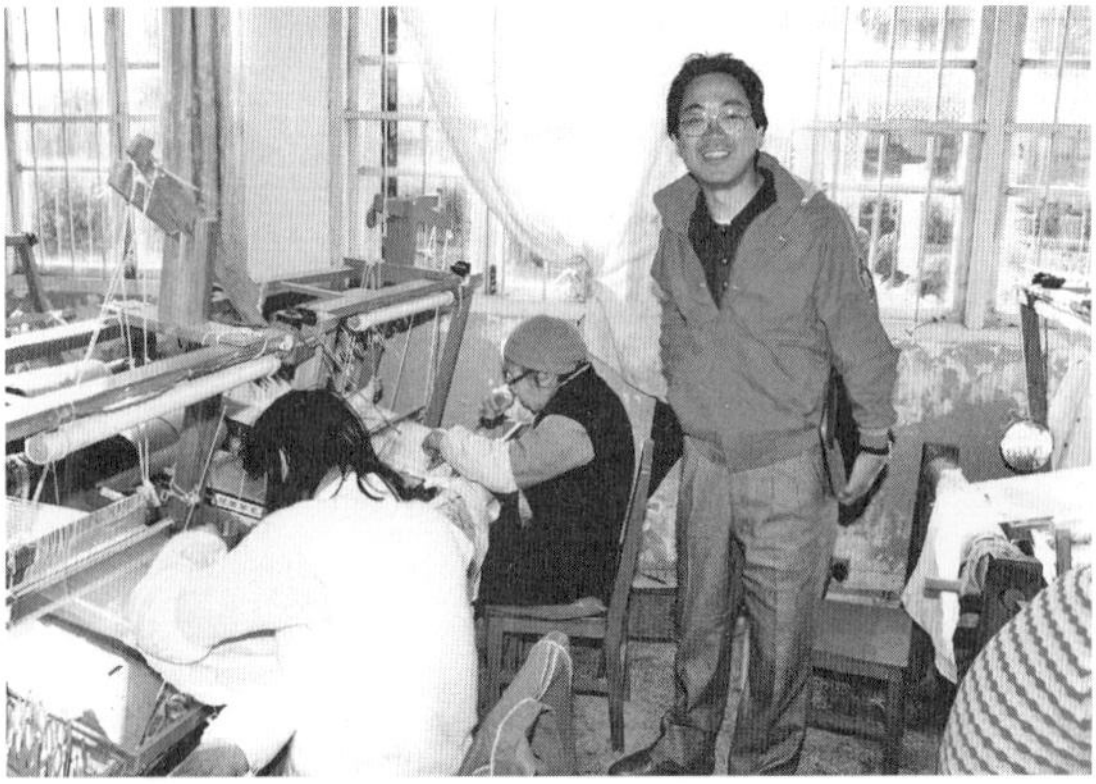

大中国展の買い付けのため初めて中国を訪れ、蘇州刺繍の工場を見学する筆者＝1989年11月

同年11月、私は横浜高島屋の人気催事のひとつである「大中国展」の商品買い付けのため、上海経由で蘇州に向かい、初めて中国の土を踏みました。買い付けるのは、景徳鎮の焼き物、端渓の硯《すずり》などの美術工芸品や中国茶、中国酒、シルク製品などです。私の担当する呉服関係では、長い歴史を持つ刺繍《ししゅう》や明綴《みんつづ》れなどが中心でした。

蘇州までは当時、上海から列車で２、３時間かかったと思います。古くから絹織物が盛んで、蘇州刺繍（蘇繍）は汕頭《すわとう》刺繍、相良《さがら》刺繍とともに「中国3大刺繍」と呼ばれ、その技法は日本のきものや帯などにも取り入れられてきました。目的は買い付けですが、それらの制作現場をぜひ見てみたいと思ったのです。

蘇州駅前の人々は人民服姿が多く、ボンネットのないトラックが黒煙を吐き出して走っていました。

最初に泊まったのは蘇州の外国人専用ホテルの古蘇飯店。日中国交正常化から17年経っていましたが、カーペットはシミだらけ、風呂の蛇口をひねると出てくるのは茶色い水ばかり。仕方なくそれでシャワーを浴びるしかありませんでした。

翌朝早く、ホテルの前を洪水のように走っていく自転車に驚くとともに、すさまじいパワーを感じたことを思い出します。

安心、安全、快適に慣れきった日本とは異なる状況に置かれると、それを不快に感じる人と興味を抱く人とがいますが、私と大阪店の関良晴バイヤーは後者で、何でも飲んでやろう、食べてやろうと街に繰り出しました。

おいしい食事を堪能し、上海風呂に立ち寄ってその日の疲れをすっかり癒やして帰ろうとした時、エレベーターのドアが開いたのにエレベーター室の床はなく、目の前は空っぽ。二人で大笑いしましたが、そこはビルの4階です。一歩間違えば転落して大けがを負っていたかもしれません。

この買い付けで中国に興味が湧いた私は、ショッピングツアーの行き先を中国各地へ拡大していきました。

実は私はこの初めての訪中の直前、1並びの平成元年11月1日に結婚したばかり。結婚式とオーストラリアへの新婚旅行を終えた翌日に伊丹空港から上海へ向かうという慌ただしさで、われながら新妻に申し訳なく思った次第です。

憧れのシルクロードへ

私がバイヤーとして始めたショッピングツアーは、日本国内にとどまらず、北京や上海、桂林など、顧客の希望を聞きながら中国各地を巡るようになりました。中でも重慶から湖北省西部の宜昌《ぎしょう》まで長江を下り、三国志ゆかりの地を巡りつつ、船上から眺めた三峡の絶景は忘れられません。

特に力を入れたのは私自身も興味があったシルクロードツアーです。シルクロードとはユーラシア大陸を東西に横断する交通路のことで、具体的には北方の草原の道、中央の乾燥地帯を通るオアシスの道、インド南端を通る海の道の、3つのルートの総称です。

このうち私たちがイメージするシルクロードとはいわゆるオアシスの道で、中国から特産の絹《シルク》を運んだ道《ロード》のことで、２０１４（平成26）年に「シルクロード・長安―天山回廊の交易路網」としてユネスコの世界遺産に登録されました。

長安（現在の西安・陝西省の省都）から西へ向かい、蘭州市（甘粛省）近郊で黄河を渡り、黄河の西側を進む河西回廊を経て敦煌までが基本ルート。その先は複数のルートに分かれ、玄奘三蔵法師やマルコ・ポーロが通った西域南道（漢南路）、天山山脈の南北を通る天山南路、天山北路などがありますが、近年、中国が推し進める一帯一路の「陸のシルクロード」でも、西安から新疆ウイグル自治区のウルムチを経てトルコのイスタンブールに至るルートが想定されています。

とはいえ、隋や唐の都として栄えた西安（長安）は北京から約９００キロ。敦煌まではその倍の約１８６０キロもあり、下見のために初めて訪れた時は、よくぞここまで来たものだと思いました。

その際、砂が堆積してできた鳴沙山《めいさざん》を訪れました。風が吹くと砂が流れ、管弦楽や太鼓、銅鑼のような音に聞こえることからこの名になったといいますが、圧巻だったのは日没の光景です。砂漠地帯で昼夜の寒暖差が大きく、日中は砂がとても熱くなる場所ですが、たまたま日没間近に訪れたため、夕陽を浴びた砂漠が金色に輝き、見とれているうちに砂山の向こうから白く輝く満月が昇ってきたのです。

この光景にすっかり魅せられた私はその翌年、同じ時期にショッピングツアーを企画しました。ところが途中の乗り継ぎの飛行機が遅れたため、満月から1日ずれてしまい、遠路はるばる参加されたお客さまに思い描いた絶景を見せられませんでした。このことは今でも大きな心残りです。

ツアーはさらに西へ進んで新疆ウイグル自治区に入り、世界で最も海から遠い都市といわれるウルムチ、砂漠のオアシス・トルファンへと足を伸ばし、『西遊記』に登場する火《か》焰山《えんざん》、高昌《こうしょう》故城、交河《こうが》故城などの都市遺跡なども巡りました。眼前の砂漠の中に、幻の都市「楼蘭」と往時のシルクロードのにぎわいを想像するだけで胸が高鳴ったものです。

とはいえ、感動に浸ってばかりはいられません。バスの遠距離移動が多くなりがちなシルクロードツアーは別名「クルシロード」。参加者の体調管理のため、日本からミネラルウオーター、梅干し、つくだ煮、めんたいこ、入浴剤などを段ボールに詰めて持参しました。中でも喜ばれたのは、中華料理が続いて食欲が落ちたお客さまのために作ったそうめんや海苔《のり》茶漬けです。

敦煌周辺には「砂漠の大画廊」「東方のルーヴル」とも呼ばれる莫高窟などの見どころがたくさんありますが、市街地からさらに西へ70キロ進んだ陽関《ようかん》も、唐の詩人・王維の惜別の漢詩で知られています。

渭城《いじょう》の朝雨《ちょうう》軽塵《けいじん》を浥《うるお》し
客舎《かくしゃ》青青《せいせい》柳色《りゅうしょく》新たなり
君に勧む更に盡《つ》くせ一杯の酒
西のかた陽関《ようかん》を出ずれば故人無からん

砂漠に立つ陽関の石碑に吹きつける風の音の中、ツアーガイドにお願いし、この詩を中国語で朗読してもらいました。漢詩が韻を踏んでいるせいもあったのか、言葉は分からなくても胸に迫るものがありました。

参加者の疲労がピークに達した帰路、静

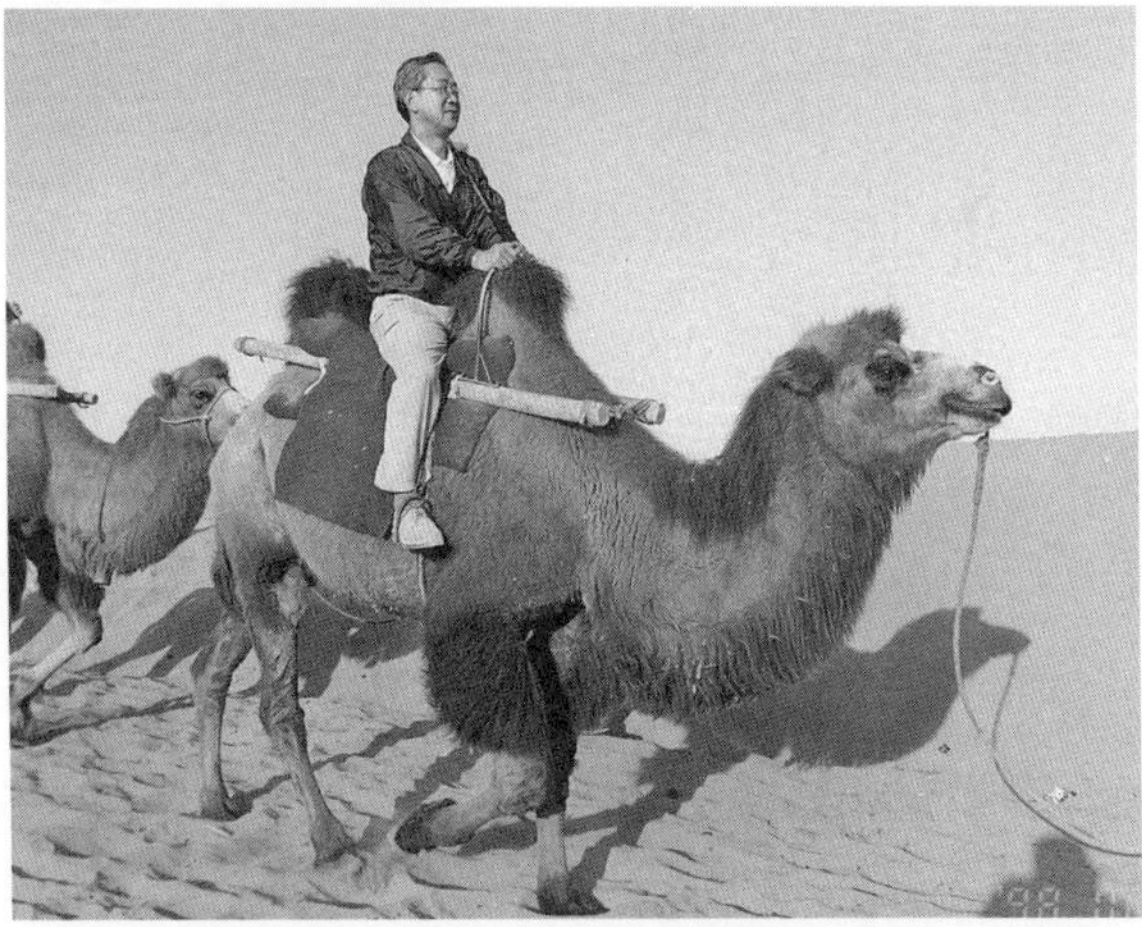

敦煌ツアーの名所「鳴沙山」で、夕陽に照らされて砂漠に映る影が印象的なラクダ体験を楽しむ筆者＝1998年10月

まり返った帰りのバスの中で一言。

「王維の詩で有名な陽関《ヨウカン》はいかがでしたか」

そう問いかけて車内の注意を引いてから、「お疲れさまでした」と虎屋の「一口羊羹《ヨウカン》」を配ると車内は大爆笑。千日修行の阿闍梨《アジャリ》さまから聞いた小話を披露してから、京銘菓「満月」の阿闍梨餅《アジャリもち》を出した時も「おいしい」と喜ばれるとともに、大きな笑い声が起きました。

中国の絹織物と刺繍

中国の絹織物の歴史は古く、浙江省湖州市の銭山漾《せんざんよう》遺跡で出土した、約４７００年前（新石器時代晩期）の平織りの絹織物が世界最古の絹織物とされます。

そして戦国時代から前漢にかけて歴代の都が置かれた黄河中・下流地域のほか、長江下流地域や山東半島、西南内陸部の四川などで養蚕・絹織物業が盛んになり、さらに四川省成都の「蜀錦《しょくきん》」が高級絹織物として有名になりました。

一方、蘇州や南京の絹織物は元王朝の時代になると「宋錦《そうきん》」「雲錦《うんきん》」と呼ばれ、蜀錦と並ぶ中国絹織物の３大織物といわれるまでに発展し、長江下流域一帯は高級絹織物の一大生産地となったのです。

中国は刺繍の歴史も古く、3000年もの伝統があり、湖南省で前漢時代に創られていた刺繍は現在の湘繍のルーツと考えられます。

歴史的にはこの湘繍に加え、江蘇省蘇州の蘇繍《そしゅう》、四川省の蜀繍《しょくしゅう》、広東省の粤繍《えつしゅう》の4つが特に知られてきました。さらに河南省開封の汴繍《べんしゅう》、北京の京繍《きょうしゅう》、江蘇省南通の沈繍《しんしゅう》、上海の顧繍《こしゅう》、浙江省温州の甌繍《おうしゅう》などが名高く、地域によって糸の種類や技法などに特徴があり、その豊かさはさすがに中国です。

そして広東省東部の汕頭で、19世紀にヨーロッパの宣教師たちが伝えた刺繍方法と中国古来の技法が融合した汕頭刺繍が生まれました。今日ではこの汕頭刺繍、極細糸と色数の豊富さが身上の蘇州刺繍、生地の裏から糸を引き出して結び玉を作り、これを重ねて模様を描き出していく「玉縫い」を特徴とする相良刺繍が3大刺繍といわれています。

これらの技術は日本の和装にも多く取り入れられており、私もその美しく豊かな表現にたびたび魅了されてきました。

日本とシルクロード、日本のシルクロード

日本とシルクロードの関連では、奈良の正倉院に中国製やペルシア伝来の宝物が多くあ

ることがよく知られています。遣唐使に随行してペルシア人が来朝した記録もあり、日本は東西交通路の東端に位置しているという認識があったようです。

その後、日本では王朝文化が栄えた京都を中心に織物や染織が発達し、江戸時代になると多くの藩が独自の織物産業の育成に努めました。そして横浜港が開港し、生糸が日本からの主要な輸出品となるのに伴い、東日本の生糸の集積地となった八王子から横浜港への道が「絹の道」「シルクロード」と呼ばれるようになりました。

きっかけとなったのは日本がアメリカ、イギリス、ロシア、オランダ、フランスと結んだ通商条約で、1859（安政5）年、横浜、長崎、函館の3港が開港すると、日本の生糸を買い求める人々が殺到しました。というのも同じころ、ヨーロッパの養蚕製糸業の中心だったフランスやイタリアで「微粒子病《びりゅうしびょう》」が大流行し、供給量が不足していたためです。

明治政府も生糸が重要な輸出産品となることに着目、1872（明治5）年に富岡製糸場を開業するなど、蚕糸業を積極的に育成した結果、1887（明治20）年に生糸生産量でイタリアに並び、生糸輸出量では中国を凌駕し、世界最大の生糸輸出国となりました。日本はさらに生糸の検査方法、繰糸法、蚕の品種や飼育法を含めた技術の改良や開発を進め、蚕糸業の技術水準は世界の最高レベルに達したのです。

その輸出を担ったのが横浜港で、全国の生糸が横浜に集まってきました。生糸はおよそ80年間にわたって日本の輸出品目のトップを占め、そのほとんどが横浜港から送り出されていったのです。

幕末から明治にかけての生糸の主な産地は、東北、北関東、長野、山梨などで、その運搬のために河川水運や陸上交通が発達しました。生糸の国内流通は幕末まで京都が中心でしたが横浜開港を機に一変し、中でも八王子の鑓水《やりみず》商人と呼ばれる生糸商たちは、東日本の生産者との間に築いてきた信頼関係を背景に、各地の生糸を買い集めて横浜へ運び込んだのです。

その中心ルートとなったのが、八王子~鑓水~原町田~川井を経て東海道へ出る八王子往還です。この「日本のシルクロード」は生糸輸出の大動脈となりましたが、鉄道網の整備とともに依存度が低下し、１９０８（明治41）年、東神奈川と八王子の間に横浜鉄道が開通すると、その役目を終えました。それは、この時期の鉄道整備は生糸の輸送を想定したものだったということを示しています。

こうして海辺の寒村だった横浜は、一大貿易都市へと発展していきました。日本の養蚕業は昭和初期に最盛期を迎え、全農家の約４分の１にあたる２２０万戸が養蚕に携わっていましたが、太平洋戦争で大きな打撃を受けました。その後の回復は最盛期の3分の1以下にとどまったばかりか、1970年代以降は生糸輸入国に甘んじ、現在、養蚕農家の数は300戸を割り込んでしまいました。そのため、国産生糸の流通量は全体の1%にも届きませんが、横浜における絹《シルク》の重要性は忘れずにいたいと思います。

絹の魅力 多彩に発信

着物ショー、スカーフアレンジ

横浜でフェスティバル

横浜と縁の深い絹の魅力を発信する「横浜絹フェスティバル」が24日、横浜市内各所で開かれた。市開港記念会館（中区）では、着物ファッションショー「日本の美を愛でる in横浜」が行われ、一般公募のモデルらが伝統の美しさをアピールした。（尹 貴淑）

振り袖や訪問着などが登場した着物ファッションショー＝横浜市開港記念会館

フェスティバルは、絹と共に発展した横浜の歴史と今を多彩に伝えることを目的に、2016年から開かれている。

ファッションショーは、今回の目玉イベント。華やかな振り袖や訪問着のほか、100年の歴史を持つ会場の雰囲気に合わせたレトロなデザインの着物など、50点が登場した。

一般公募モデルとして、10代から40代までの12人も参加。緊張した面持ちでステージに上がり、集まった観客から大きな拍手を受けた。

振り袖を着た会社員関山舞子さん(20)＝相模原市南区＝は「モデルをするのは初めて。海外にいて成人式に出られなかったので、いい記念になりました」と笑顔だった。

また、地場産業である「横浜スカーフ」のアレンジショーや、横浜と絹の関係を浮世絵から読み解くトークイベントなども開かれた。

横浜と絹の深い関わりを発信する「横浜絹フェスティバル」の模様を伝える神奈川新聞記事。筆者は仕掛け人の一人として発足から関わる＝2019年11月25日付

Column

中国3大刺繍

◇汕頭《すわとう》刺繍

広東省東部の汕頭《すわとう》で生まれた刺繍。糸を引き抜いて仕上げる立体感から「絹の彫刻」とも呼ばれ、「抽繍《つおしゅう》」「拉繍《らおしゅう》」の2種類があります。

抽繍《つおしゅう》は織り上がった生地の経糸、緯糸を数本引き抜いて空間を空け、飾り糸を通していく技法で、飾り糸の刺し方次第で図柄の表情を変えることができます。拉繍《らおしゅう》は生地に糸を通し、引きながら広げて空間を空けていく手法で、どちらも希少で高級な工芸品として扱われています。

◇蘇州刺繍

歴史の古さに加え、あらゆる刺繍の中で抜きん出た繊細さと多彩な色彩を誇り、世界的に知られています。1本の絹糸を2分の1から36分の1に分割して刺すため、糸の太さや刺し方により、写実的・絵画的な美しさが生まれます。中でも極細の縫い針を使い、表裏とも同じ図柄、あるいは違った柄に仕上げる両面刺繍はリバーシブルな楽しみ方ができる高度な芸術作品です。

◇相良刺繍

漢の時代から見られる古い技法で、撚糸《ねんし》（＝よった糸）を使います。一針ずつ生地の表面で玉結びを作って柄を描き出すため、「玉縫い」「こぶ繍」「いぼ繍」とも呼ばれます。結びの粒の大きさをそろえて縫い上げるのは高度な職人技で、「絹の彫刻」という異名があり、刺繍としては丈夫で男物の繍文にも使われます。

撚糸を玉結びにしているため光沢はありませんが、落ち着いた重厚感と独特の存在感を醸し出し、花嫁衣装にも用いられます。

第7章　過去から未来へ

きものの仕事は一生

横浜高島屋への就職を機にきものに出会ってからおよそ半世紀。いつの間にかきものに深く魅せられている自分がいました。

それはきものの魅力に加え、織《おり》・染《そめ》・繍《ぬい》・絞《しぼり》・絣《かすり》の染織五芸の技を磨き、日々研鑽を重ねる染織作家や職人さんたちの真摯《しんし》な姿、そして彼らとともにきもの文化の最前線に立つ老舗呉服メーカーや問屋の営業マン、和裁士、着付師たちの熱い働きぶりに心を打たれたからでもあります。

恩人と呼べる人は数多くいますが、そのひとりが染織研究家の木村孝《たか》先生です。

木村先生は１９２０（大正９）年、京都で「御誂《おあつらえ》」と呼ばれる一点物の紋付きの色無地を染める仕事に携わる家に生まれ、家業を継いで染織作家としての活動をスタート。その後は京都新聞文化部勤務を経て海外に滞在した経験を生かし、執筆活動や講演など、幅広く活躍されてこられました。

「セレブの着こなしはスタイリストが壁や床の色、カーテンの柄まで調べて誂《あつら》える。きものもそうあるべし」という考え方で、きものの選び方、模様合わせ、季節の色などについて、木村先生の発言や記事を参考にするきもの愛好家は多く、先生の着こなしは常に注目の的。そんな先生の高名は存じ上げていましたが、親しくなったのは高島屋呉服部のアドバイザーをお願いしてからです。

事前に電話して概略を説明すると、「いいわよ」と即答！

「池田さんからの依頼なら」「好きなきものの仕事だから」と条件も聞かずに快諾してくれたのです。無尽蔵の知識と柔軟な思考力、そしてこのきっぷの良さが魅力でした。

それからは数々のイベントやきものづくりの現場、木村先生がきものを指南するテレビ番組の準備などに同行する機会が増え、お客さまからの難しい質問を相談して助けられたことも何度もありました。

木村先生からは数え切れないほど多くのことを教えていただき、私の宝物になっている言葉もたくさんありますが、中でも忘れられないのは、数年前に木村先生から掛けられた次の言葉です。

「池田さん、サラリーマン生活にはいつか終わりが来るけれど、きもののお仕事は続けてね。一生続けられるお仕事よ」

おかげでサラリーマンではなくなった現在も、伝統的工芸品産業に関する経済産業省委員会委員、日本伝統工芸士会作品展審査委員、シルク博物館運営委員などを務めています。

これもひとえに木村先生の至言のおかげと肝に銘じ、これからも先生の言葉を胸に、一生きものと添い遂げるつもりです。

木村さんは2016（平成28）年11月に96歳で亡くなられましたが、直前まで雑誌に随筆を連載するなど、第一線で活躍されていました。

亡くなった翌々年の秋、「木村孝と和の美を育む会」同窓会が学士会館（東京都千代田区）で行われ、多くの後進を育て、きもの文化の普及に貢献された先生の教えやエピソードをしみじみ語り合いました。

生きておられれば数え年100歳にあたる2019（令和元）年10月にも、同じく学士会館に「教え子」たちが集まり、バースデーケーキにローソクを立ててお祝いしました。加賀友禅の第一人者として名高い2代目・由水十久さん、京友禅の老舗・千總の仲田保司社長ら、そうそうたるメンバーが顔をそろえる中で、作家の赤川次郎さんがしみじみとおっしゃいました。

「人は人々の記憶から消えてしまったときに亡くなるのでしょう。その時に生命が尽きるのでしょう。いまだにこれだけの方が集まるのだから、木村先生はまだまだ私たちの中に生きています」

赤川さんの言葉に大きくうなずきながら、その日の自分の装いを先生に見ていただきたかったと思いました。というのも、季節感を大切にする日本人はきものについても例外ではなく、6月と9月は裏地のない単衣《ひとえ》仕立て、7月と8月は涼感を漂わせる絽織、紗織、捩《もじ》り織りの絽などの薄物を着るという決まり事があります。

六本木アリーナホールで木村孝さんと京友禅をテーマにトークショーに臨む筆者＝2015年6月20日

この会が開かれたのは10月5日なので、本来なら10～5月の季節コードである裏地のある袷仕立てを着なければなりません。しかし当日は残暑という言葉では表現できないほどの暑さだったため、私はあえて単衣に紗羽織という季節を外したきもので出席したのです。木村先生はきものに関しては正統派の第一人者でしたが、気持ちよくきものを着るという点では非常に柔軟な考えの持ち主でした。

公的な行事や席は別として、こうした私的な集まりならば、昔の日本に比べて秋の訪れが遅れている、夏のような暑さが続いているという現実を踏まえてきものを選んでも良かろうと考えたのです。しかも、木村先生の人柄に魅了された人たちが集まる会、きものの縁で結ばれた席であるからこそ、それも許してもらえるような気がしました。

「池田さん、いいですよ。これからもきものを楽しんでくださいね」

そんな先生の声が聞こえたような気がしたのは私のひとりよがりでしょうか。

衰え知らぬ創作意欲

私は昭和、平成、令和という3つの時代を生きてきましたが、きものの師として敬愛する故・木村孝先生は大正生まれ。それに染織の世界には大正生まれで今も現役の方が何人もいます。

そして私が若いころに多くのことを教わったのは、明治生まれの人たちで、その代表格が、市田三喜雄さんと上野富三さんのお二人です。呉服関係のものづくりの6社が集まって高島屋大阪店で始まり、後に各店で開催された「六燿会《りくよう》」のメンバーとして知り合ったのが最初でした。

市田さんも上野さんも少年時代に京都から東京の人形町の問屋に丁稚《でっち》奉公に出てきた苦労人です。

「店に着くなり『おいセンキチ』って呼ばれたんだ。誰のことだか分からないから返事もしなくて怒られた。そう呼べば、周囲にもそいつが丁稚と分かる名前だと知ったのはしばらくしてからだったよ」

苦労話を笑いに変えてしまう二人の会話は、まるで弥次《やじ》さん喜多さんの掛け合いのようで、いつも夢中で聞き入ってしまいました。

奉公を終えて京都に戻った市田さんは独創的な京染めの創作きもの、上野さんは本爪綴《ほんつめつづ》れ帯で大成功しました。きものと帯の素敵なコンビ

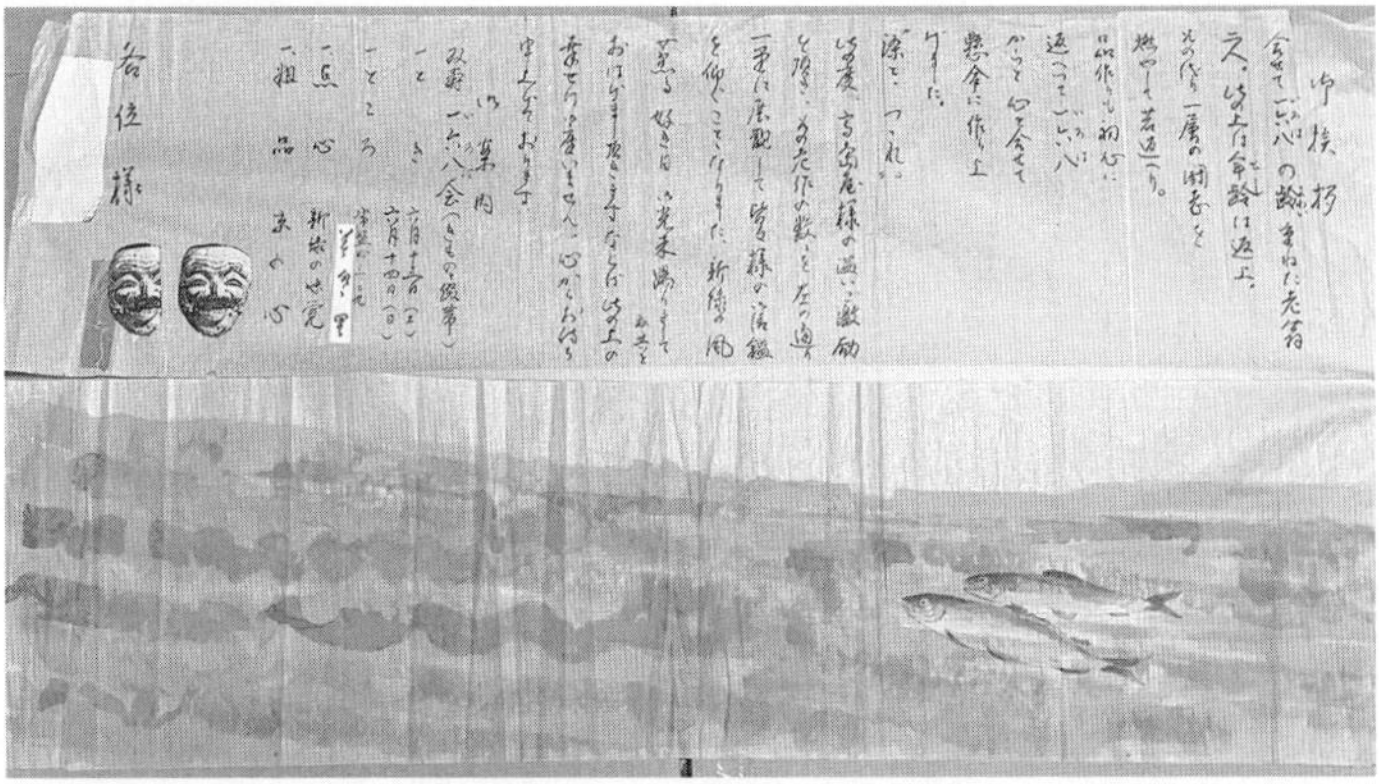

横浜高島屋が企画し、関内の料亭「美登里」で開催した「双壽一六八会」作品展（1992年）の招待状原稿。文面（上）も絵（下）も市田三喜雄さんの直筆で、重ねて印刷された

に魅力を感じた私は、高島屋横浜店独自の催事として二人の「双壽一六八会」を創設しました。

名前の由来はその当時、市田さんが83歳で上野さんが85歳。合わせて168歳だったからで、当時の横浜店副店長の亀岡傳十郎さんが付けてくれたものです。

それだけ長く生きてきたお二人に、「今までいつが一番忙しかったですか」と聞いてみると、「そりゃぁ今だね、喜寿から米寿の間だよ」とニッコリ。

一事が万事そんな調子で、年齢を感じさせない前向きな創作意欲に触れるたび、年齢が半分ほどでしかない私の方が元気をもらいました。

櫛と簪

9月4日は「櫛の日」。1979（昭和54）年に美容関係者によって制定されたそうですが、京都の安井金比羅宮では9月の第4月曜日に櫛祭りを行い、櫛供養が行われています。櫛や簪《かんざし》は占いや呪術の道具がルーツらしく、日本ではそれまで垂らしていた髪を結い上げるようになった江戸時代に、調髪や結髪のために櫛や簪、笄《こうがい》の需要が生まれ、装飾的な美しさが加わっていきました。

私が横浜高島屋で呉服担当のバイヤーになって間もなく、呉服と櫛に関するイベントを企画したとき、櫛のコレクターの岡崎智予さん、東京国立博物館の橋本澄子さんに協力を依頼することになりました。

橋本さんは日本の染織・服飾文化のエキスパートで、東京家政学院大学人文学部教授、東京国立博物館染織室長、後に澤乃井櫛かんざし美術館の顧問などを歴任された学識者、祇園に生まれて舞妓となり、当時、新宿の料亭「歌垣」の女将として活躍されていた岡崎さんは、現在、澤乃井櫛かんざし美術館（東京都青梅市）が収蔵する膨大な櫛や簪を蒐集した張本人です。

岡崎さんが40年以上を費やしたコレクションは高い工芸水準を誇る江戸時代後期のものをはじめ、尾形光琳（1658〜1716）、酒井抱一（1761〜1829）、原羊遊斎（1769〜1845）ら高名な作家の名品を含み、素材、技法、意匠の多様性を網羅した素晴らしいものです。一時は2万点もあったといい、好事家や関係者にはよく知られたコレクションで、私のような門外漢が見ても独特の世界を垣間見ることができました。

岡崎さん、橋本さんと知り合った当時、私は30代後半、岡崎さんは60歳を少し超えたくらいだったと思いますが、きものの着こなしや小物の使い方が素晴らしく、いったいどういう人なのだろうかととても気になりました。

その後、岡崎さんは芝木好子さんの小説『光琳の櫛』の主人公のモデルだと教えられたので読んでみました。小説のヒロインは「赤坂の料亭の女主人・久住園」。どこまでがフィクションなのかは別にして、その立ち居振る舞いに腑に落ちる思いがしたのと同時に、文学に描かれるきものの表現に興味を持ちました。

例えば、こんな風に書かれていると、あれこれ想像してしまうのです。

地味なさつま絣の麻の葉のきもの
古い御所解《ごしょどき》模様《もよう》の紅藤
結城の絣を着て、古代裂《ぎれ》地の帯を軽く締めた闊達な感じ
墨色の縮緬地に総絞りの、見るからに見事な小袖

芝木好子さんの『光琳の櫛』

その後、どういうわけか私と先輩の伊藤侑夫《いくお》さん、川島織物の野口満さん、それから橋本さん、岡崎さんの5人で食事をするようになり、それを「りんりん会」と名付けました。健啖家の岡崎さんのおかげで有名なフランス料理や割烹を訪れたり、歌舞伎に足を運んだり、ずいぶん世間が広がりました。

そうした付き合いの中で生まれた企画が「櫛かんざし何でも鑑定会」。人気テレビ番組のタイトルをもじったという気後れもあり、恐る恐る岡崎さん、橋本さんにお願いすると、おふたりとも快諾してくれたのです。

会場は横浜駅西口にあった料亭「あいちや」です。その分野に関する学術面の第一人者と日本一のコレクターが鑑定してくれるとあって、盛大な催しとなりました。本家のテレビ番組同様、よくできたまがい物から掘り出し物、ついには羊遊齋まで登場し、鑑定人としても楽しんでくださったようです。

後年、高齢になった岡崎さんがコレクションを手放そうか悩んでいると、散逸することを惜しんだ小澤酒造の小澤恒夫さんが買い受け、1998（平成10）年4月にオープンさせたのが澤乃井櫛かんざし美術館で、今では青梅の観光名所となっています。

JR青梅線の沢井駅近くの多摩川のほとりに美術館がオープンする時、私も参加させてもらいました。あいにくの雨模様でしたが、来賓・来場者が多く、全員が美術館には入れませんでした。私は美術館前に設営されたテントのひとつで雨をよけながら式典を見守っていましたが、坂東玉三郎さんが舞う美しい『鷺娘』をモニターで見た記憶が心に強く残っています。

この日の来賓の豪華さに加え、岡崎さんが亡くなられた際の列席者もそうそうたる顔ぶれでした。そうした場に私が立ち会えたのは、岡崎さんとの出会いがあったからこそ。激動の時代を凛として生き抜いた岡崎さんから学んだ有形無形のあれこれが、私のその後の人生において大きな糧となっています。

柔らかくて強い紬

前項と同じく、私が横浜高島屋のバイヤーだったある日、田村店長から電話がかかってきました。

「明日、直木賞作家の高橋治さんが来られるから同席してくれないか」

もちろん承知ですが、受賞作くらいは読んでおかないと失礼にあたると思い、帰りに本屋に立ち寄りました。１９８３（昭和58）年の直木賞を受賞した『秘伝』と『青魚・下魚・

安魚』をその夜のうちに読みました。

高橋さんは松竹で映画に関わった後に作家活動に入った方で、吉川英治文学賞なども受賞されていますが、1988（昭和63）年に石川県東南部の白峰村（現白山市）に白山麓僻村学校を開き、当時はその校長を務めていました。僻村学校は自然と均衡を保った発展を模索する人材育成を目指す生涯教育の場で、現在は公益財団法人・白山麓僻村塾と名を変えて続いており、高橋さんは2015（平成27）年に亡くなる晩年まで特別顧問を務めていました。

横浜高島屋を訪ねて来られたのは、白峰村で織られる牛首紬を物産展で扱ってもらいたい、それを担当者に見てもらいたいという理由でした。

高橋さんが白山山麓に魅せられた理由はいろいろあろうかと思われますが、そのひとつが白峰村で織り続けられている牛首紬だったようです。そのころ、世間はバブル景気に浮かれていましたが、日本の伝統的な織物産地の多くは衰退の一途をたどっていました。

商品産地としては途絶した牛首紬がかろうじて消滅を免れたのは、土木関係の事業で成功した西山産業開発株式会社の西山鉄之助が「父祖伝来の牛首紬を守る」という強い意志を抱いて桑畑の造成から始め、養蚕を再開して牛首紬を再興させたこと、さらに牛首紬の伝統的な工程を見学できる「白山工房」、牛首紬の展示場「加賀乃織座」などを立ち上げ、金沢方面への流通を再開して現在に至る運営基盤を作ったことにあるそうです。

この牛首紬の再興を強力にサポートしたのが高橋さんでした。消費地からはるかに遠く、PRや販売のノウハウが失われた弱小産地を救ったのは、高橋さんや高橋さんを通じて牛首紬に魅せられた人々のつながりでもあったのです。

日本有数の豪雪地帯である白峰村は昔から養蚕が盛んでしたが、牛首紬は収穫される蚕の中にわずかに含まれる双子の繭を使います。繭から2本の糸が出て絡まってしまうため、普通はくず繭として扱われますが、白峰村の人たちは通常より太くて小節があり、撚りのある手挽き糸（玉糸）を紡ぎ出す「のべ引き」を編み出しました。牛首紬は弾力性・伸張性に優れた玉糸を緯糸に使って織られるため、釘に引っかけても破れず、釘の方が抜けることから「釘抜紬」の異名を持っています。

牛首紬には先染めと後染めがあり、伝統的な先染めには藍染めとくろゆり染め、後染めでは白地の牛首紬に加賀友禅を施すといったぜいたくな品物も創られています。

圧巻は「ひとつの草でいろいろな色が染められる」という言い伝えに基づいて生み出されたくろゆり染め。野生のくろゆりは天然記念物なので、海抜８００メートルで栽培したくろゆりの花びらを使い、媒染剤によってピンク、紫、黄、緑、グレーなどの色を出していきます。

植物染料で緑色を出すためには青と黄色をかけ合わせるのが普通で、ひとつの植物染料で緑系に染められるのはおそらくこの「くろゆり染め」だけだといわれており、それほど特別な織物です。

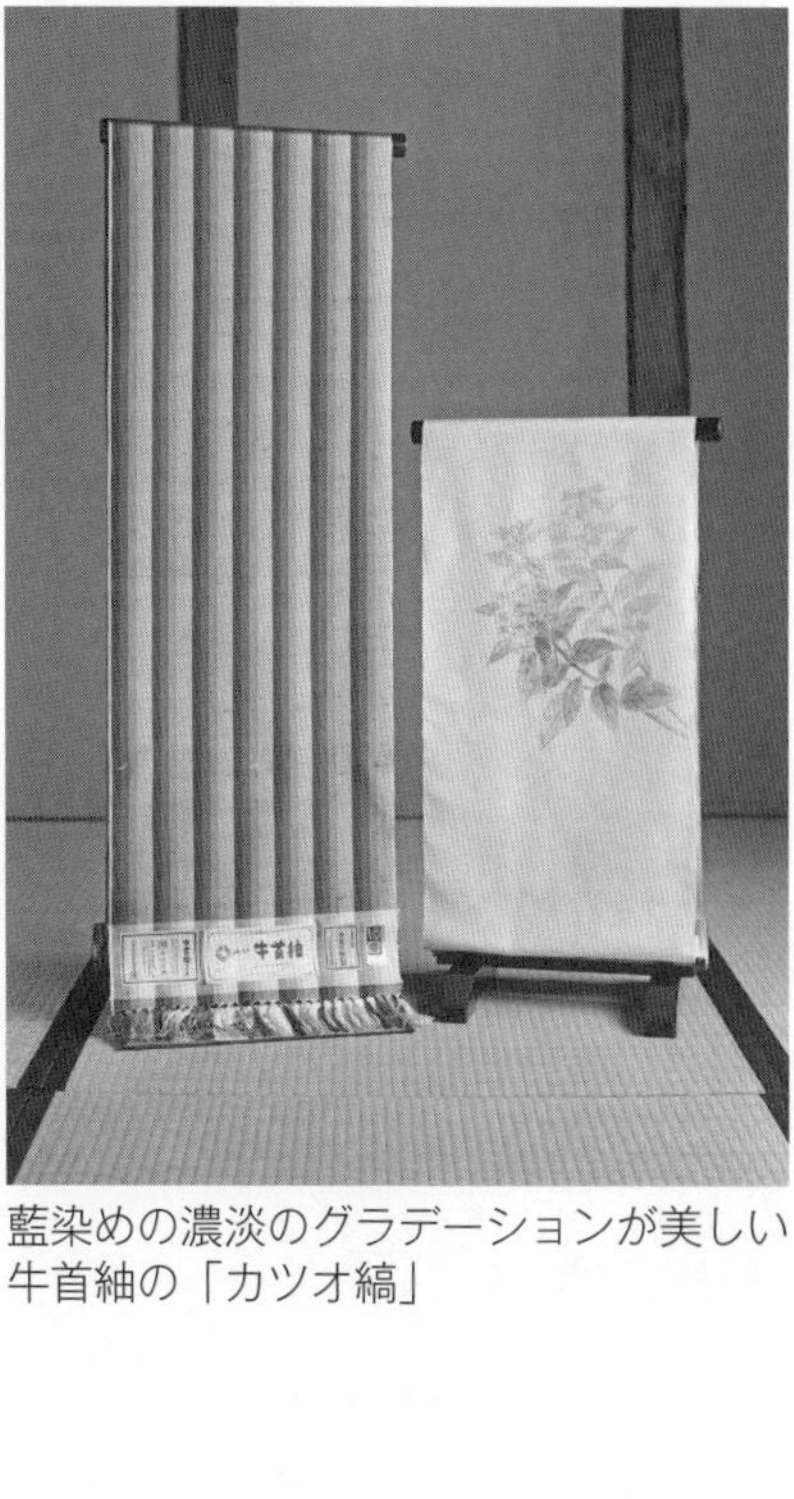

藍染めの濃淡のグラデーションが美しい
牛首紬の「カツオ縞」

牛首紬の横浜デビューは、横浜の総鎮守、伊勢山皇大神宮の隣りにあった横浜開洋亭。くろゆり染めはその神秘的な萌黄色系の光沢と秘めたストーリーで、藍染めの濃淡のグラデーションが美しいカツオ縞の牛首紬とともに多くのきものファンの心を射止めました。

高橋さんの『風の盆恋歌』や『紺青の鈴』には牛首紬が繰り返し登場し、後者には「綸子のように柔らかな着心地でありながら釘抜紬の別名が残るほどに強い」と書かれています。これらを読んで気づいたのは、ヒロインたちにはある特別な日の特別な瞬間のための特別な一枚のきもの、今風にいえば「勝負きもの」があるということです。

どういう時にどんなきものを着るのか、どんな気持ちでどんなきものを選ぶのか、女性のきものへの思いの深さを小説から学んだ気がします。

高島屋と美術〜過去・現在・未来

高島屋は呉服商からスタートしましたが、1888(明治21)年のバルセロナ万国博覧会に刺繍作品を出品するなど、内外の博覧会に積極的に参加してきました。

そのため、高島屋には明治初期から画工室があり、美術工芸品の原画・下絵などの制作を通じ、竹内栖鳳《たけうちせいほう》など、後に京都画壇の大物と呼ばれるような著名な美術家たちと関係を深めていました。

世間の絵画に対する関心が高まった1909(明治42)年には美術部を創設して各店にギャラリーを開設、芸術家の創作意欲を鼓舞する活動を通じて日本の美術界に貢献してきました。大正後期からは文化催事も積極的に開催し、太平洋戦争後も早い時期から美術活動を再開するなど、積極的に発表の場を提供してきた歴史があります。

美術部創設50年の1958（昭和33）年には日本画・洋画・彫刻・工芸を網羅した250人の作品展を、創設80年の節目にあたる1989（平成11）年からはおよそ2年にわたり、各店で多彩な記念展を開催しました。

記念すべき創設100年には100の展覧会を開催するという趣旨で、前年にあたる2007（平成19）年から3年間にわたり、さまざまな個展、グループ展を開催することになりました。当時、高島屋MD本部ディビジョン長に就任したばかりの私も、呉服部門として美術とコラボレーションした企画を実施したいと考えました。そこで該当する各年の上品會のテーマを過去・現在・未来として、美術作品をきものや帯にする企画を立案したのです。

1年目の2007（平成19）年のテーマは「過去」。

高島屋史料館が所有している過去の大作から、都路華香《つじかこう》の「吉野の桜」（1903）、竹内栖鳳《たけうちせいほう》の「ヴェニスの月」（1904）、山元春挙《やまもとしゅんきょ》の「ロッキーの雪」（1905）の3点をきものと帯に仕立てることにしたのです。

「雪月花」をテーマとしたこの3点は1910（明治43）年、ロンドンで開催された日英博覧会において、高島屋が彼らの原画を元に「天鵞絨《びろうど》友禅壁掛世界三景」を作成して展示したものです。この大作中の大作を、約100年の時を経て、きものと帯で再現しようという大胆な企画でした。

原画を忠実に再現するため、生地選びや表現方法などに工夫をこらし、上品會の厳しい選考会を経てできあがったきものはいずれも友禅と綴《つづ》れ帯でした。「吉野の桜」は大羊居《たいようきょ》、ヴェニスの月は矢代仁《やしろに》、ロッキーの雪は千總《ちそう》で、さすが上品會の同人という技術を駆使し、それぞれ見事なものに仕上げてくれました（巻頭カラーページ参照）。

2年目の2008（平成20）年のテーマは「現在」。

私が早くから心の中で温めていたのは、人気の日本画家で東京芸術大学教授（当時）の手塚雄二さんの作品をきものにすること。美術部の中澤一雄部長に紹介してもらい、最初は展覧会の会場を訪ねてあいさつしました。

2度目にお会いした際に正式に依頼したものの、手応えはもうひとつ。そこで3度目は「当たって砕けろ」というくらいの気持ちでご自宅へうかがったのです。

「ご依頼の趣旨は分かりました。でも、どうして私なのですか」

「私には先生の絵がきものに見えてしまうんです。きものにしたら、どんなに素敵だろうなと思ってしまうんです」

私がそう言うと、手塚画伯は笑いながら言いました。

「それは違いますよ。私の方がきものを参考にしているからでしょう。父が友禅作家で、それを見て育ったものですから。私の『月読』（1999年・奈良万葉博物館蔵）という作品があるでしょう？　あの三日月は黒留め袖の背紋の位置にあるんですよ」

それを聞いた私はホッとすると同時に、なんだかうれしくなってしまいました。その後も話し合いを重ね、直描きではなく、画伯の作品をモチーフにきものの柄として再構成するという方向性が決まると、手塚画伯が制作責任者に直接指導してくださることになりました。その際のご指摘も記憶に残っています。

「同じ方向を向いている桜の枝は1本もない。同じ形をした波はひとつもない」

そうした妥協のない指導のおかげで本当に良いきものができたと思います。一目見た画伯からも「職人の技というのはたいしたものだ」と合格点をいただき、制作に携わった人たちも大いに報われたことでしょう。

3年目の2009（平成21）年のテーマは「未来」。

現代アートの作家を数人、海外を中心に紹介してもらうことから始めましたが、その中で印象深かったのが、東京を拠点に活動する米国人画家で陶芸家のデビットスタンリー・

世田谷美術館「暮らしと美術と高島屋展」で＝2013年

ヒューエット。彼が高島屋で個展を開いた際、どうやらギャラリーのマネージャーが本人には内緒で帯のデザインコンペに出品したのがきっかけだったようです。

金箔の中に赤い筋が入ったビジュアルは大いに人の目を引きましたが、どのように染織に生かすか繰り返し検討した結果、本来のデザインを横にして赤い漆箔を使った袋帯にしたところ、目の肥えたお客さまの目に適ったようです。

試行錯誤を重ねた3年間でしたが、美術や工芸を大切にする高島屋が多くの作家と付き合ってきた歴史があったからこそ、ジャンルを超えたコラボレーションが呉服の世界でも実を結んだのだという感慨がありました。

高島屋と美術について、もうひとつのエポックメーキングなできごとだと思われるのが2013（平成25）年4月20日から6月23日まで、世田谷美術館で開催された「暮らしと美術と高島屋展」です。「企業と文化」というテーマで、高島屋史料館が所蔵する美術作品、船舶や建築における装飾事業、出版事業、宣伝広報、染織作品や呉服などを紹介し、高島屋が美術との関わりを通じて暮らしを豊かにしてきた歴史が一堂で展覧できる、とても充実した内容でした。世田谷美術館が私企業を取り上げるのは、2007（平成19）年の「福原信三と美術と資生堂展」に続いてわずか2例目で、極めて異例のことです。

展覧会の期間中、私は宣伝広報の秋山弘昭さん、美術の中澤一雄さんとともに、呉服の責任者としてトークイベントに招かれました。

私はそこで、この展覧会で「高島屋のお家芸」と紹介された呉服や染織の責任者として、高島屋が呉服商から始まったこと、美術と工芸を大切にする百貨店であること、呉服部門でも国産繭を使ったきものを作り他店とは違う取り組みをしていることなどを来場者に紹介しました。

きものの心を伝えることわざ

織物の原材料は大麻や亜麻、葛、楮、木綿、芭蕉などの植物繊維と、蚕糸や羊毛などの動物繊維に大別されますが、すべては糸作りから始まります。そして多様な織機を駆使して作られる生地作り、自然の恵みを生かした染色、おびただしい数の文様など、長い歴史の中で多くの技法・意匠が生み出されてきました。

その染織五芸（織《おり》・染《そめ》・繍《ぬい》・絞《しぼり》・絣《かすり》）の高度な技術は、現在も全国津々浦々の職人の手で受け継がれ、継承されているのです。さらに特有の形に仕立てる和裁や誰が見ても美しい着装（着付け）など、そのすべてが日本の伝統産業の結晶となっていますが、きものにはもうひとつ大切な要素があります。それは日本人の精神性においても、私たちの生活に生かされ、馴染んでいるということ。

それがよく分かるのが、日本で昔からいわれている多くの「故事・ことわざ」です。短い言葉の中に先人たちの体験に基づいた時代の知恵が凝縮されており、私たちはそれを日々の暮らしの道標としていますが、こうした故事・ことわざの中には、きものや帯から隠喩《いんゆ》されたものが少なくありません。

例えば「襟をただす」は、乱れた衣服を整えることで、姿勢を正し気持ちを引き締める

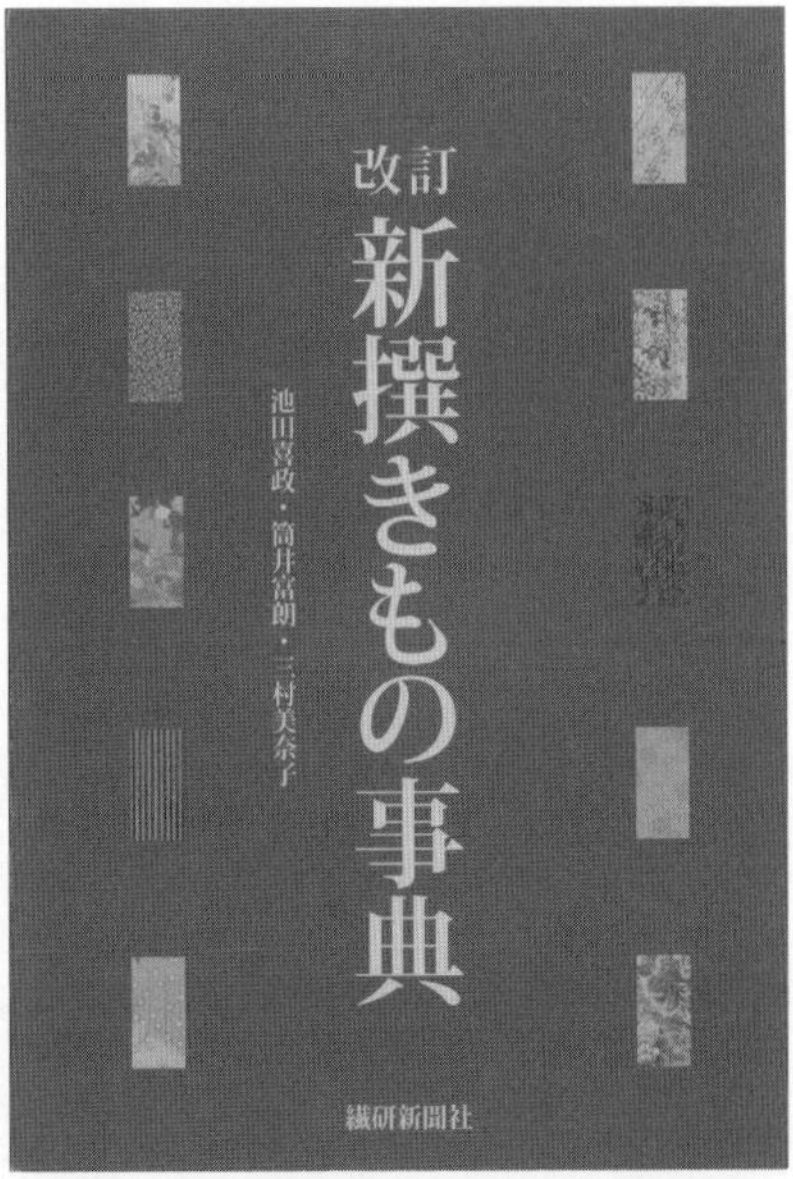

共著者として出版に関わった『新撰きもの事典』（繊研新聞社、2012年10月初版）

ことです。反対に襟元を開くことは緊張を緩めリラックスさせる一方、だらしない印象を与えてしまいます。きものは着装の仕方次第でその人の美意識や感情を映すといわれ、とくに襟元の有り様にそれが表れやすいため、襟こそが着こなしのポイントとなっているのです。

「折り目正しい」は、きものは直線裁ちに仕立て上がっているため、その縫い目に沿って畳まないとしわになり、次に着る際に困ります。ちゃんと畳んでおけば次もそのままきれいに着られる。それが転じて、物事の決まりやけじめをわきまえた礼儀正しい振る舞いのことを「折り目正しい」と言うのです。

「仕付ける」は、きものは仕立てが崩れないように、本縫いの前、仕付け糸で縫い目を正しく整えるために仮に縫い付けておくことです。仕付けは「躾」とも書きます。文字は身を美しくと書き、美しい振る舞いや言動を意味するのです。きものが美しく仕立てられるようにが、転じて、人もまた早いうちから礼儀作法を身に付けさせることが大事だということです。

きもの文化を次世代に

１９９０年代以降、ライフスタイルの変化や顧客の高齢化などを背景として百貨店の業績は厳しい時代を迎え、きもの業界も同じような状況でした。

不振の原因として「自分で着られない」「着る機会が少ない」ことなどが指摘されてきましたが、それは原因と結果を混同した見解だと考えた私は「魅力的な商品さえあれば売れる」という持論を展開しました。

そうした信念のもと、高島屋の呉服の責任者として新たな企画や商品を次々に生み出すために奮闘しましたが、２００８（平成18）年9月のリーマンショックで日本の景気はさらに後退しました。そうした厳しい状況の年末、私は57歳の誕生日を迎えました。気がつけば「定年退職」まであと3年。否応なくサラリーマン生活のゴールが視野に入ってきたのです。

そこで高島屋にいる間に自分がやりたいこと、やらなければならないことを具体的に書き出し、これを「あと3年カレンダー」と名付けてその後の仕事や行動の目安とすることにしました。限られた時間の中で少しでも売り上げを伸ばしたい、きもの業界にわずかでも貢献したいという思いを具体化するためです。

そんなある日、織田きもの専門学校（東京都中野区）から講師の依頼がありました。高島屋の業務に加え、業界の会合や産地での講演、メディアの取材や行政関係の委員など、声が掛かれば何でも引き受けてきたおかげで、業界外でも少し名前を知っていただけるようになっていたのでしょう。

織田きもの専門学校はファッション、調理師、製菓など複数の専門学校を運営する学校

2015年ごろ、織田きもの専門学校での授業風景。毎年度末の最後の授業は高島屋新宿店の呉服売り場で行うなど、きものを職業とすることを意識して知識を伝えている

法人織田学園のグループ校です。和裁だけでなくトータルできもの文化を学べるという特徴があり、卒業生の主な進路は百貨店や専門店の販売、貸衣装やブライダル、和裁、メーカー、呉服問屋などです。

中には独立して起業する学生もいると聞いた私は「きものを職業とすることを目指して学ぶ若い人たちのために少しでも役に立ちたい」と思い、すぐに上司の許可を得ました。10（平成22）年の春から講師を務めていますが、私なりに積み重ねてきた経験や知識を伝える場を得たことは、私にとってもとても大きな喜びです。

さらに同年7月、フリーライターの井上健二さんが著書『あの社員はなぜNo．1なのか』（マガジンハウス刊）で私の仕事ぶりを紹介してくれたこともあり、10月には早稲田大学で「きもの学・東京」の講師を務めました。

忘れられないのは2009（平成21）年、「全国伝統的工芸品展京都大会」が開かれた京都会館第1ホールで、全国から集まった各分野の伝統工芸士の皆さんの前で話す機会をいただいたことです。

1000人以上を前にしてとても緊張しましたが、何とか話し終えたその日のうちに高島屋京都店から、「良い話を聞かせてもらったから」と大島紬を購入されたお客さまがいたと連絡がありました。講演を聴いてくれた方に気持ちが通じた思うと胸が熱くなりました。

浴衣を通じて文化交流

東日本大震災が発生した２０１１（平成23）年の12月に60歳なった私は、定年退職後の切り替え採用で、ＭＤ本部の呉服ディビジョン長を継続することになりました。そうした立場で被災地の大槌町でボランティア活動に参加したことがきっかけとなり、14（平成26）年にベトナムのフエで開催された「世界民族衣装フェスティバル」に参加する機会を得ました。

東南アジア諸国連合（ＡＳＥＡＮ）各国と中国、韓国、モンゴル、インドなどが参加した「オリエンタルナイト」では日本のきものの素晴らしさを再認識しました。さらにベトナムのアオザイ、タイのバーシンなど、世界には歴史や風土に育まれた素晴らしい染織技術、服飾文化があるのだと改めて開眼した思いでした。

それと同時に、日本のきものと文化を紹介するために自主的に活動するＫＷプロジェクトの林義男さんたちの存在を知りました。自分も何か手伝いたいと思っていたところ、15（平成27）年、独立行政法人国際交流基金、在ベトナム日本国大使館、日越文化交流クラ

「ベトナムゆかたフェスタ・イン・ハノイ」に参加した高島屋ボランティアスタッフと筆者（右端）＝2016年

ブなどの協力で、首都ハノイの日本語を学ぶ大学生と教師１００人と子どもたちを招待し、浴衣を通じて日本文化を学ぶ企画の実行委員長を務めることになりました。

浴衣の購入費用は高島屋ＣＳＲ推進室が支援し、高島屋呉服部員の有志とＫＷプロジェクトの着付け講師がボランティアスタッフとして自費で参加し、着付け体験を実施したほか、浴衣の畳み方、洗い方、しまい方などを教えました。

私はオープニングのあいさつで、日本のきものに由来する故事・ことわざを紹介し、日本文化の理解につながるような話題を提供しました。

例えば、前にも紹介した「襟をただす」「折り目正しい」「仕付ける」などですが、いずれも先人の生活の知恵が詰まった言葉であり、日本人の心根を理解してもらうには最適だと思ったからです。

実際、海外の若い人に「きものとは?」と訊ねると、「日本の伝統的な衣装」というだけではなく、「日本そのもの」という言葉が返ってきます。それはきものの見た目の美しさだけでなく、きもの特有の和裁、仕立て、着装方法、立ち居振る舞いなどの内面的なものを含めて、日本の大切な伝統文化だと感じていることの表れだと感じました。

16（平成28）年はホーチミン、17（平成29）年はダナンとフエそして上海、18（平成30）年には横浜（神奈川県主催）とハノイ、そして19（令和元）年にはタイのバンコクで同様のイベントを継続してきており、どこでも多くの学生が参加してくれています。

ベトナム中部のダナンとフエで開催したのは、ハノイやホーチミンと比較して学生向けのイベントが少ないからと、国際交流基金と現地の強い要望を受けたためでした。イベントで使用した浴衣はいずれも個人ではなく学校に寄付するという形を取り、その後も何度も活用されたと聞いています。

最近は京都や浅草などの観光地では、きものを着て散策を楽しむ外国人を見かけることが本当に多くなりました。高い旅費を払って日本を訪れ、自然景観を愛で、和食を楽しむのと同じように「きもの」で日本を感じている。それはきものに日本文化を「伝えるちから」があるからです。

きものの魅力をアジアに発信

「日本とシンガポール外交関係樹立50周年」にあたる２０１６（平成28）年、両国で「ＳＪ５０」と称されるイベントが２００件以上も催される中、私は10月末に日本政府観光局主催の訪日観光客誘致イベント「ＪＡＰＡＮ Ｔｒａｖｅｌ Ｆａｉｒ ２０１６」への参加企画を担当することになりました。会場はシンガポール高島屋地下２階催事場です。

　準備にかけられる時間が限られる中、「きもの」と「木版画」に焦点を絞りました。まず思い浮かんだのは本場結城紬《つむぎ》卸商協同組

本場結城紬卸商協同組合理事長を務める
結城紬製造問屋「奥順」の奥澤武治さん

合理事長で、結城紬の製造問屋「奥順」（茨城県結城市）の奥澤武治さんです。毎年パリで開催される世界最大級のテキスタイル・ファッション素材見本市「プルミエール・ヴィジョン」への出展を続けている実績があったからです。

さらに海外での浮世絵人気の高まりを踏まえ、江戸木版画の版元、彫師、摺師《すりし》らを束ねる東京伝統木版画工芸協同組合の高橋由貴子理事長（「高橋工房」＝東京都文京区＝代表）にも出展を依頼しました。

両組合の快諾を得た私は現地の人たちの嗜好《しこう》を考慮し、結城紬や婚礼衣装の着付けなど、体験型のイベントを実施し、手間を承知で「地機《じばた》」での機織《はた》りやばれん摺《ず》りの実演をお願いしました。その効果は抜群で、来場者が幾重にも取り囲み

シンガポール高島屋で開催された「JAPAN Travel Fair 2016」で婚礼衣装を試着して大喜びの来場者を囲むKWプロジェクトの着付師、ヘアメイクメンバー＝2016年10月29日

第１回中国国際輸入博覧会で司会を務める＝2018年11月

大盛況でした。

その後、結城紬の新たな顧客創造を視野に入れつつ、現地富裕層の嗜好や行動をリサーチしてみると、全身高級ブランド品ずくめ。とはいえ、ポロシャツに短パン姿の彼らにきものやきもの生地を使った服飾品を売るのは難しそうだと判断しました。そこで翌17（平成29）年、本場結城紬卸商協同組合には四季のある上海で、上海高島屋のイベントへの出展をお願いしました。

実際、10月のシンガポールはかなり蒸し暑く、きものや服飾品を売るのは難しいと感じました。オープンスペースでの催事のため、品物の陳列・収納を連日繰り返しへとへとでしたが、奥澤・高橋両理事長の英断と現地での献身的な働きには心から感謝しています。

アジアにおける日本への関心は高く、18（平成30）年11月には上海で第1回中国国際輸入博覧会が開催されました。

私は京都伝統染織の出展と婚礼衣装着装ショーの司会と解説担当として参加し、上海高島屋の中国人社員が通訳とモデルを務めました。

ショーの途中できもの姿の来場者がいるのに気づいた私は、フィナーレでステージに招き上げ、それぞれが着ているきものを解説すると、会場はさらに盛り上がりました。

博覧会の京都ブースでは着物姿が珍しいのか、来場した中国人から「一緒に写真を撮りたい」と繰り返し頼まれました。その数およそ２００人。最初は人気者になった気分でニコニコしていましたが、最後の方はカメラ目線を保つのが精いっぱいでした。

こうした顧客創造は地味な種まきで、刈り採りはずっと先になるのかもしれませんが、中国を含むアジアは今後の伝統染織の市場として有望だと思っています。

Column

きものと文学

日本文化に根づいたきものは、文学とも大いに関わりがあります。高島屋でも１９１３（大正２）年から新作呉服催事「百選会」を実施し、毎回、流行色とテーマを提示して全国の染織産地から新柄を募集しました。

その百選会の顧問を務めたひとりが歌人・与謝野晶子で、流行色を命名したり、入選作の歌を詠んだりしていました。それらは高島屋のパンフレットに掲載されただけで、与謝野晶子の全集などにはほとんど収録されませんでしたが、近年の調査で与謝野晶子が詠んだ詩歌は４６３首７編、流行色の命名は２８６色もあることが分かりました。

本文でも紹介した高橋治さんの作品もきものの描写が多く出てきますが、『星の衣』では沖縄の八重山上布や首里織に生涯をかける女性が描かれています。高樹のぶ子さんの『サザンスコール』は日本経済新聞（夕刊）に連載された秀作で、やはり若い女性染織家が主人公でした。

また、文豪谷崎潤一郎（1886~1965）の代表作『細雪』の魅力は、女性たちの華やかなきも姿の描写にあると思います。残念ながらきものを着る機会が少なくなった現代では、文学の描写からきもの姿を想像することは難しくなっているような気がします。たびたび映像化されているこうした作品は、きものの美しさに触れる貴重な機会といえるかもしれません。

第8章　素材のちから

純国産素材によるきものへの挑戦

1999（平成11）年3月、私は横浜高島屋から高島屋関東事業部MD本部へ異動しました。商品製作や高島屋各店の企画販促立案やその管理などを担う新設部署です。しかも、横浜高島屋が95（平成7）年に株式会社高島屋と合併していたため、MD本部は関東一円を担当することになります。そこに魅力を感じ、初めて自ら手を挙げての異動でした。

きもの産地や関東各店を回りながら忙しい日々を過ごしていた2002（平成14）年、お客さまから「この糸や生地の原産地はどこか」と訊ねられたことがあります。折しも食品偽装問題が世間を騒がせ、消費者の国産志向が強まっていた時期でした。

恥ずかしながら即答できず、問屋、生地屋に問い合わせても不明な部分が残りました。私はこの時に初めて、養蚕、製糸、生地製造、染め加工の各過程が分断されていることに気づいたのです。

「商品化から販売まで責任を持つマーチャンダイザーとしてお客さまの疑問にきちんと答えたい」

そう考えた私は、高島屋として自信を持って語れるきもの、誇れるきものを国産繭から創ろうと考え、京友禅の老舗の千總《ちそう》に相談しました。まず必要なのは「当社だけに」「高

純国産きものの実現を応援してくれた千總の柴田弘さん（左から２人目）と筆者（右）

品質の繭を」「必要な量」確保してくれる生産者です。

千總の生地担当の柴田さん、生地問屋の江一《こういち》の福永さんが思いつく限りの養蚕農家を調べ歩いてくれましたが、なかなか見つかりません。途中経過を聞きつつ諦めきれない私も知っている養蚕地を訪ね歩きました。

とはいえ、当時の養蚕農家は全国でわずかに570戸ばかり。生糸が輸出品の花形だった昭和初期の約220万戸から激減していました。実は日本は1960年代以降、生糸の生産国から消費国へと変容し、国内で流通している生糸はほとんどが中国産やブラジル産でした。

ようやく栃木県に優れた養蚕家がいるという朗報が柴田さんから届き、即座に駆けつけました。それが藤田久男さんとの出会いです。

藤田さんは当初「国産繭だけできものを創りたい」と言われても、「百貨店に何ができるのだろう」と思ったそうです。しかし、何度か話し合いを重ねるうちにこちらの思いが通じ、協力を約束してくれました。

こうして南那須の国産優良繭を、茨城県古河市の須藤製糸（現在は山形県酒田市の松岡製糸）で製糸し、その糸を、生地の種類によって滋賀県長浜、京都府丹後、福井県八重巻で白生地に製織するルートを確立することができたのです。

２００４（平成16）年、新たに織り上がった白生地を大日本蚕糸会の蚕糸科学研究所で従来品との比較テストをしてもらい、「国内一貫生産による安定した織物品質を保証する」との試験結果が得られました。

翌05（平成17）年、高島屋は１９６６（昭和41）年から続く自社ブランド振り袖「誰《た》が袖好み」を、純国産繭から、製糸、製織、友禅加工までを一貫生産したものに切り替えました。

これはきもののトレーサビリティー（生産履歴）を明らかにした点で業界の内外から注目されるとともに、生産者と小売りをつなぐ斬新なビジネスモデルとして、多方面から評価していただきました。

きもの人生の転換点

純国産きものの一貫生産への挑戦は私にとっても大きな転換点となりました。良いきものを仕入れ、お客さまの手元に届けることはもちろん重要ですが、養蚕農家の皆さんと付き合うことで、きもの産業の〝川上〟のことまで考えられるようになったからです。

この場合の〝川上〟とは原料段階の繭や生糸、〝川下〟とは小売り製品のことです。この間には製糸業者、生糸の流通業者、絹織物業者、染加工元卸問屋、集散地問屋など、非常に多くの業種が関わり、流通工程はとても複雑になっています。しかも各段階において国産品と輸入品との競合が生じています。

国産繭を守り存続させるためにも川上と川下が連携し、純国産品として差別化を図ることは、蚕糸・絹業界にとって非常に意義のある取り組みでした。

ターニングポイントとなったのが、那珂川町（栃木県）の養蚕農家・藤田久男さんとの出会いです。藤田さんが引き受けてくれなかったら、純国産振り袖「誰《た》が袖好み」（高島屋のオリジナルブランド）も生まれず、トレーサビリティー（生産履歴）を追求することもなかったかもしれません。

具体的には「誰が袖好み」のラベルに繭の種類、養蚕地、製糸工場、製織工場、加工場所、販売元を明記することで、日本の呉服業界で本格的に取り組んだのはおそらくこれが初めてだと思います。

しかし、日本の繭の自給率はわずか1％程度で、そこに注力することに批判的な意見がなかったわけではありません。

地域発 企業発
国産絹糸 守れるか
高島屋と京友禅の老舗
一貫生産続けて10年
担い手不足が深刻

国産絹糸を守る取り組みを紹介する朝日新聞の記事

しかし私は、高島屋として「国産を守る」姿勢を示すことは、きものを大切に扱う会社だという、プラスの評価にきっとつながるはずだと主張しました。

そうした経緯が知られたことから、私は農林水産省の「蚕糸構造改革推進協議会」の委員を委嘱されました。そこで百貨店（高島屋）と生産者、製作者が協力して進めている一貫生産の連携と問題点などを紹介したのです。

これをきっかけに講演や取材の依頼が増え、全国農業指導者会議で講演した際は、参加者と一緒に皇居の紅葉山御養蚕所を見学する幸運に恵まれました。

一方、長野県有数の製糸の町だった岡谷市で開かれていた夏期蚕糸大学でも講師を務める機会がありました。

純国産きものが日本農業新聞の正月版で紹介された時は、それを読んだＮＨＫのテレビ取材も受けました。テレビ東京系列の「ガイアの夜明け」に取り上げられた時もそうですが、翌日からはお客さまの問い合わせが増え、やはりマスメディアの力は大きいと実感しました。

高島屋が先駆けとなった国産繭から製品化までの連携スキーム（枠組み）はその後、各地に広がっています。とはいえ、こうした取り組みも養蚕業の復興には結び付かず、今や国内の養蚕農家は３００戸を割り込み、高齢化も進んでいます。自身の無力さは承知の上ですが、私にできる試みを続けていこうと思います。

思いがけない蚕糸功労表彰

浴衣を通じてベトナムに日本文化を伝える企画を始め、３年目を迎えた２０１７（平成

29）年の開催地はダナンとフエでした。中でもフエはハノイ、ホーチミンなどの大都市と異なり「ベトナムの小京都」といった趣です。ベトナム最後のグエン朝の王宮があった古都であり、旧市街はベトナム初の世界遺産。同年春には天皇皇后両陛下（当時）も訪問されました。

ベトナム・ダナン外国大学のビン学部長（右から3人目）を訪問した筆者（同4人目）ときもの文化交流協会の林義男理事長（同2人目）

ダナンではダナン外国語大学外国語学部長のビン先生の大歓迎を受けましたし、フエでは松山（愛媛県）に留学経験があって日本語に堪能なチャー先生がサポートしてくれました。

フエではイベントの最後に「日本語の歌を歌おう」ということになり、参加者全員が輪になって「ふるさと」を合唱。すると、それを聴いた学生たちが「ベトナムにも似た歌がある」と言ってお返しに歌ってくれたのです。歌の意味も日本の「ふるさと」に通じるものらしく、それを聴いた私たちボランティアの中には思わず涙ぐむ人もいて、望郷の念は万国共通なのだと感じ入りました。

ベトナムでのボランティア活動のきっかけは、14（平成26）年にフエで開かれた「世界民族衣装フェスティバル」でしたが、同年秋、私にサプライズが起こりました。蚕糸業の発展に貢献した人を対象とする「一般財団法人大日本蚕糸会蚕糸功労者表彰」を受けたのです。

一介のサラリーマンにすぎない私にとっては思いがけない栄誉です。そこできものへの感謝の思いを込め、同年9月26日、表彰式には和装の略礼装で出席しました。

東京会館（千代田区丸の内）で開催された表彰式には大日本蚕糸会総裁の常陸宮さまもご臨席されていました。記念撮影で私は常陸宮さまのすぐ後ろに位置する形となり、生涯忘れられない思い出となりました。

皇室と養蚕の関わりは深く、皇后による養蚕は古く「日本書紀」の記述にさかのぼります。長らく途絶えていたものを、明治時代に昭憲皇太后が復活され、毎年春になると皇居内の紅葉山御養蚕所で歴代の皇后さまが日本原蚕種の「小石丸」などの養蚕を継承されています。

「蚕」を他の昆虫のように「匹」ではなく「頭」と数えるのは、「蚕」がわが国にとって大切なものであるという証しです。中でも「小石丸」の極細の絹糸で織られた生地は軽くしなやかで美しい光沢がありますが、繭が小さいため生産効率は高くありません。

かつて輸出産業の花形だった養蚕業が衰退する中で、特に希少な小石丸の養蚕が皇居内で受け継がれていることには大きな意味があり、そのおかげで近年の正倉院裂《ぎれ》の復元に使用することができたのです。

さらに宮内庁が2011（平成23）年から取り組んで来た正倉院宝物を代表する「螺鈿紫檀五絃琵琶」の琵琶の復元品の製作にも、上皇后さまが皇居内で育て

蚕糸功労者表彰授賞式の記念撮影。総裁である常陸宮さま（前列中央）の右後ろ（2列目、右から5人目）が筆者＝2014年

た小石丸の糸が絹絃に使われました。

小石丸を採った生糸から絹絃を製作したのは、和楽器弦の老舗の丸三ハシモト（滋賀県長浜市）で、水上勉の小説『湖の琴』（１９６６）に登場する老舗です。復元には機械を一切使わず、五絃それぞれに違った重さの独楽のおもりを回転させて撚《よ》る「独楽撚《こまよ》り」という古来よりの技法が用いられました。

奈良時代の聖武天皇が愛用し、光明皇后が東大寺に献納した名品の復元が完成したのは８年の歳月を経た19（平成31）年３月。時代が平成から令和に替わった秋、東京国立博物館で開かれている「特別展　正倉院の世界」ではふたつの琵琶が並んで展示され、多くの人が訪れました。今後は当時の技法や音色の再現が期待されているそうです。

蚕糸功労表彰を受賞する少し前、紅葉山御養蚕所を見学する機会を得た私は小石丸を継承したいと考え、わずかに小石丸の養蚕を続けていた群馬県安中市の篤農家から購入することができました。

高島屋では現在も小石丸による製品作りや日本の養蚕業を守るため持続可能な視点での責任を持った商品化に取り組んでいますが、日本の養蚕業を守るためには衣類ばかりでなく、化粧品、食品などにもっと繭が利用されるようになることも必要です。良質で安全な日本の繭への需要は強く、今こそ新しい養蚕業の創出が求められています。

Column

家蚕と野蚕

蚕には家蚕《かさん》と野蚕《やさん》があり、一般的に絹織物の原料となる繭を作る養蚕業では家蚕を育てます。野蚕には櫟やクヌギの葉を食べて黄緑色の繭を作る天蚕《てんさん》と、柞《ははそ》の葉を食べて褐色の繭を作る柞蚕《さくさん》があります。

野蚕は家蚕に比べて吐糸力が強く、糸を採ると家蚕の糸には見られない孔質と呼ばれる孔がたくさん開いています。家蚕に比べて太く、繊維断面が扁平で、抗菌・抗酸化力が強く、紫外線の反射・吸収力も優れています。

小石丸は日本古来の在来種で、宮中で古くから飼われてきました。極細の糸を吐く、毛羽立ち少ない、糸の練り減りが少ない、張力が強い、光沢がある、染色性に優れているなどの優れた特性を持ちますが、小粒で糸量が少ないため、商業養蚕からは姿を消してしまいました。しかし近年はその魅力が再評価され、小規模ながら各地で飼育の動きが起こっています。

第9章　「売る」ちから

素朴な疑問を行動のきっかけに

私が神奈川新聞の「わが人生」の連載を引き受けた動機の中で最も大きなウエートを占めていたのは、たとえ自分の意に染まない職場や部署に配属されても、仕事を好きになればたいていのことには耐えられる。そうすれば仕事が面白くなる。そう信じて続けてきたサラリーマン人生が、少しでも若い人たちの参考になれば、と思ったからです。

横浜高島屋における私のサラリーマン人生の第一歩は、縁もゆかりもない、さらに言えば興味もない呉服売り場。最初の数年は体力に物を言わせて乗り切った感じですが、入社5年目の1974（昭和49）年5月、高級呉服を扱う呉服1群に異動すると勝手が違ってきました。

否応なしに、きものについての知識のなさを思い知らされたのです。そこで一念発起した私は毎年京都に足を運び、自分の目と足で、きものについての知識を蓄積することに前向きになりました。きものの問屋で教えを乞い、工房を巡って工程を見学し、京都や大阪の高島屋、その他の百貨店や呉服商を、時間の許す限り見て回ったのです。

私より2年後に大卒で入社した菊池保さんと森野昭一さんの3人で行ったときは、祇園の有名割烹《かっぽう》に足を運びました。ところが当時は3人とも20代半ばの世間知らず。場違いでしぶちんな注文をして、その場から逃げ出したいほど恥ずかしい思いをしたこともあります。

そうかと思えば祇園の四条畷《なわて》の居酒屋で「きもの談議」に熱が入っていた私たちに、居合わせたお客さんがごちそうしてくれるなど、旅先ならではの楽しい経験もたくさんしました。

そして入社6年目、振り袖売り場に移った私は、翌年の成人式のために夏場に行われていた早期受注会に素朴な疑問を感じました。横浜駅西口の高層ビルに広い会場を設けて念入りに準備をしても、売り上げは芳しくありません。

1976年1月15日、成人式の式典会場から晴れやかな表情で街へ繰り出す新成人たち。この1カ月半後に、横浜高島屋は振り袖の早期受注会を企画した＝横浜市中区

なぜ夏の暑い時季にやるのか、誰に聞いても「前からこの時季」「夏の閑散期にやるもの」と言うばかりで理由は分かりません、しかも競合する他の百貨店もほとんどが横並びの状況でした。

納得のいかない私は中村修

主任に訴え、土地勘のある中区で成人式対象者がいる家庭や美容室を回り、自分なりのリサーチを試みました。日中は留守宅も多いのですが、一日約50軒、1週間で400軒あまりを訪問した結果、振り袖への関心が高まるのは前年の成人式前後と分かりました。先輩や親戚の振り袖を見たり聞いたりする機会が多いため、本人も両親も「来年はわが身」という気持ちになり、どんな振り袖がいいか、色は、柄は、値段は、などの話題で盛り上がることが明確になったのです。

私はこのリサーチ結果を中村主任に報告し、早期受注会を成人式の1年前に開催するよう、時期の移動を提案しました。

中村さんが石原睦司部長に説明して承認を得ると、課長の信太敏明さんが大きな企画催事として企画を立案してくれました。そして中村主任、菊池さん、私の3人が中心となって訪問勧誘を行う「ドアコール作戦」を呉服部全員で展開することに決め、その行動指針とするための「訪問勧誘マニュアル」を作成したのです。

リサーチで得た質問や要望などを分析して作成したQ&Aをベースに、横浜立野高校の同級生で学習図書のセールスをしていた三田和雄君に教わった、相手の言葉を絶対に否定しない応酬話法を用いるものでした。

例えば「来年のことでしょ。まだ早いわよ」と言われたら「さようでございますね」と肯定しつつ、「でも、この時期だからこそ一番新しい振り袖をたくさんご覧いただけます」と興味を持たせるのです。

私たちはそれぞれが訪問したお宅でこうした小さな「はい」を積み重ねながら、受注会への来場を丁寧にお願いしました。それはかつて読んで感動したデール・カーネギーの啓発書『人を動かす』の実践でもありました。

前倒しの受注会が大成功

1975（昭和50）年、横浜高島屋呉服部はそれまで夏に開いていた成人式のための「振り袖受注会」を前倒しで開催するために動き始めました。名付けて「横浜高島屋新作晴れ着フェア」です。

中心となった菊池保さんと私は、昼は訪問勧誘、夜は酒を飲みながら侃々諤々《かんかんがくがく》の意見を交わしました。その取りまとめ役が主任の中村修さん。また、課長の信太敏明さんはじめ、売り場全員が「絶対に成功させる」という意気込みで閉店後にミーティングを繰り返し、いつしか一丸となっていきました。

翌76（昭和51）年はうるう年。そのおかげもあったのか、2月29日の日曜日にホテルニューグランドのレインボーボールルームを押さえることができました。それまで横浜駅西口のビルで開催していましたが、横浜の人たちの憧れの場所でやりたいという希望も叶《かな》ったのです。

初めて前倒し受注会を行った1976年ごろから大流行した「絞り友禅振り袖」＝高島屋の振り袖カタログ（85年）から

日時と会場が決まると往復はがきのアンケートを発送し、返信のあった家庭を中心にパンフレットと招待状を持参しました。呉服部員で手分けしたとはいえ、訪問先は約１０００軒にも上りました。

ところが好事魔多し。訪問時の反応に確かな手応えを感じていたものの、前日の28日から思いもよらぬ大雨となり、しかも季節外れの台風のような土砂降りです。雨脚は前日夕方、商品を会場に搬入する時分からさらに強まり、ただただ止むのを祈るしかありません。ところがその願いもむなしく天候はさらに悪化し、泣きたいような気持ちで夜明けを迎えました。

はやる心を抑えられない私は早朝、誰もいない会場の入り口のタイル貼りの床にモップ掛けしました。日本マクドナルドが銀座に1号店をオープンする朝、創業者の藤田田氏が自らモップ掛けをした話を思い出し、その成功譚にあやかろうと思ったからです。

その願いが通じたのか、これほどの悪天候にもかかわらず、会場となったレインボールームには開場時間の朝10時とともに最初のお客さまが来場し、その後も順調に増え続けていきました。

そして110組の来場客のうち105組の売約が成立するとともに、1日の売り上げは4900万円に達しました。それまでの夏場の開催では700万円程度だったので、一気に7倍の売り上げを達成することができたのです。

大盛況の余韻が残る会場を片付け、翌日、売約品の整理をしていると、石原部長から「よくやった」と声をかけられました。普段は近づきがたい部長から直接お褒めの言葉をいただき、身体が熱くなるような感じがしました。そして単純と言えば単純ですが、褒められたことでスイッチが入り、仕事がますます面白くなったのです。

当時の私は24歳2カ月。素朴な疑問を行動に移したこと、呉服部員が一丸となって目標に向かって突き進んだこと、その結果として大きな成功体験を得たことは、その後に大きな影響を及ぼしました。

これを機に成人式の振り袖受注会は2月に定着し、「横浜高島屋の振り袖は日本一」に向かって突き進むことになるのです。その先鞭《せんべん》をつけたという自負もあり、「振り袖」は私のきもの人生において、ひとつの核というべき存在となっていきました。

あらゆる売り場で経験を積む

呉服にはいろいろな分野があり、求められる知識もそれぞれ違います。

私は横浜高島屋で実用呉服から高級呉服に異動した後、染着尺、絵羽《えば》紋付き（振り袖・訪問着・留め袖などの式服）、帯地などへ次々と担当が変わり、仕立てや裏地なども徹底的に勉強することになりました。

同僚に比べて異動が多かったのは、次長の原正さんが全ての売り場を経験するよう取り計らってくれたからだと思われ、私は今でも原さんに育てられたという気持ちを持っています。

原さんは少林寺拳法3段の腕前で、曲がったことが大嫌い。着物を掛ける衣桁《いこう》や、帯や反物を掛ける撞木《しゅもく》がちょっと曲がっているだけで叱られましたが、厳しさの中に人情味があふれ、部下にも慕われる人柄。それは大阪高島屋から横浜高島屋へ転籍してきた経歴のためかもしれません。

入社当時、至るところで大阪弁が飛び交っているのが不思議でしたが、横浜高島屋の開店当時は、原さんのように大阪店から来た人が多くいました。しかも転籍という片道切符での異動だったため、大阪駅で同僚と水盃を交わしたという逸話も聞かされました。

仕事の面白さが少しずつ分かりかけてきた20代半ば、原さんから夜のお酒の飲み方も教わり、充実した日々を過ごしていました。ところが1977（昭和52）年の夏、休日に泳ぎに行ったプールで、飛び込んだ時に腰を痛めてしまったのです。

整形外科で「第12胸椎棘間靱帯損傷《きょうついきょくかんじんたい》」と診断され、投薬治療と並行してコルセットの着用を始めましたが、仕事を休むわけにもいかず、いっこうに良くなる気配がありません。

5カ月ほどたち年が明けて1月、たまたまスポーツ紙で山梨県の「下部《しもべ》温泉」の記事を読みました。古くからの湯治場で武田信玄の隠し湯ともいわれ、プロ野球選手や大相撲の関取が何人も治療に通っているというのです。

冬期休暇を利用してわらにもすがる思いで訪ねると、旅館の女将《おかみ》がすぐに「下部療院」を紹介してくれました。小林院長は私の背中を見るなり「ここ痛いよな」と言って、ポンと痛む箇所を指で押しました。一目で私の患部を見抜いたのです。

そして「自分の筋肉で治さなくちゃだめだ」という小林先生の言葉を信じ、コルセットを外し、痛みをこらえながら懸命に歩くことにしました。

それから1週間、毎朝6時に起きて下部温泉駅まで往復40分歩き、旅館に戻って入浴。朝食後に下部療院で3時間、足の裏と患部に電極を付けて電流を流す電気療法を受けました。昼食後に再び1時間歩いて入浴するのですが、湯温が30度を下回るような冷泉で、患部だけでなく身体中が痛くなりました。

「これはたまらない。かえって悪化しているのではないだろうか」

不安がどんどん大きくなっていきましたが、3日目くらいから痛みが薄れてスムーズに歩けるようになり、帰宅後も毎朝ウオーキングを続けた結果、4月には完治しました。

小林先生は薬では治せない痛みを自分で治せるようにするという治療方針で、「下部の赤ひげ」と呼ばれていたそうです。

若くて体力もある年齢でしたが、人生で初めて健康の大切さを痛感するとともに、ケガや疾病も貴重な経験になり得るのだと思いました。

売れる人と売れない人

販売の仕事の面白さに目覚めた私でしたが、入社11年目の１９８０（昭和55）年春、特定の顧客に高級呉服を売る呉服特販課に異動となりました。係長級試験に合格した直後だけに、いきなり梯子を外されたような気分でした。

呉服特販課の主な仕事は、顧客の家庭を訪問する外回りの営業とホテルや料亭などを会場にして行う店外催事に大別され、「販売」という業務である点は従来と同じですが、やり方がまったく異なります。

特販課に配属になったばかりの私にはお得意さまがまったくおらず、店外催事ではもっぱら下足当番を務めなければなりませんでした。来場者の履物を預かって入り口で出迎える担当者に引き継ぐのです。そして買い物を終えたお客さまを玄関で待ち受け、履物をそろえて送り出す、催事のたびにひたすらその繰り返しです。

送り出すお客さまの顔を見つめているわけにもいかず、履物に足を入れる動きを目で追ううちに、あることに気がつきました。履物をピタリとそろえると履きにくいので、数センチ離して置くと履きやすくなるのです。そして顔と名前を覚えるだけでなく、人によって履物の間隔を少しずつ変えるなどの工夫を凝らしました。

さらに終日顧客の出入りに立ち会い、顧客と担当者のやりとりを聞いているうちに、売れる人と売れない人の大きな違いに気づきました。これは大発見でした。

振り袖受注会の前倒しを成功させるなど充実した日々を送っていた20代後半の筆者。鎌倉山・山椒洞での店外催事に参加したときの1枚

優秀な販売員は、例えばお客さまが車で来たなら渋滞はなかったか、電車で来たなら車内が混雑して疲れていないかと気遣い、「来ていただけただけでうれしい」という気持ちを前面に出して、一気にお客さまの心をわしづかみにしてしまいます。

それに対して成績の上がらない販売員は、「いらっしゃいませ」というあいさつこそ丁寧ですが、「えりすぐりを取りそろえてございます」と、すぐに商品の話題に入っていきます。

つまり、売れる販売員がお客さまの側に立ってアプローチしているのに対し、売れない販売員は自分の側である商品からアプローチしていたのです。今思えばこの「気づき」は、私のきもの人生にとってとても大きな財産となりました。

きものを大切にする悉皆の精神

季節がら、店外催事が少ない夏場は顧客回りの営業が中心になります。まだ顧客がいなかった私は先輩からしばらく購入のない顧客の名簿を預かり、「悉皆《しっかい》」の注文を取って回ろうと考えました。

悉皆とは、きものの染め変え、洗い張り、幅出し、しみ抜き、入紋、仕立て直しなど、きもののメンテナンスに関するあらゆることを承ることです。

「どんなことでも何なりとお申し付けください」

悉皆には「ことごとく、すべて、残らず」などの意味があることを踏まえ、自分の手に余る要望も、調べたり、相談したりしてどんな注文にも応えるように努めました。

中には気後れするような大きなお屋敷もありましたが、この悉皆の営業を通じて得た多くのお客さまのおかげで現在の私があるのだと言っても過言ではありません。

私は後年、高島屋の呉服売り場に、価格を明示した悉皆コーナーを常設し、高島屋で買ったものでなくても、呉服であれば、どんなものでも引き受ける体制を整えました。

それは呉服特販課時代に商品を売るだけではなく、悉皆のようなサービスを通じてお客さまとの接点を増やし「高島屋はきものを大切にします」というメッセージを発信していくことが必要だと感じたからです。

筆者が横浜高島屋呉服売り場に創設した「きもの悉皆コーナー」。呉服であればどんなものでも引き受ける体制は他店にも広まった

真心の手作りツアーでおもてなし

私が横浜高島屋の呉服担当バイヤーだった１９８０年代後半、高島屋各店舗の呉服の売上高は、上から大阪、日本橋、横浜、京都の順でした。日本橋店を目標に売り上げ拡大を図ろうと考えた私は大阪店のやり方に学ぼうと考え、毎年11月に開催されていた大阪店の

名物催事「千秋楽きもの市」を横浜店に導入しました。

これは1年を締めくくる〝お買い得品〟を集めたもので、豊富な品ぞろえに加え、「新年を新しいきもので迎えたい」という要望に応えて「年内納め」を承ることが大層喜ばれていました。大阪でその盛況ぶりを目にした私は、横浜でもそうしたサービスを見習いたいと考えたのです。そこですぐさま「これを横浜店でもやりたい」と大阪店のバイヤーと横浜店宣伝部に相談を持ち掛けて実現させたのです。

もうひとつ力を入れたのが、お客さまをエスコートして全国各地のきもの産地や観光地、お祭りなど巡る「ショッピングツアー」です。景勝地観光やイベントを楽しんでもらい、日程のうちの数時間だけをツアー先に設けた会場での商談会に充て、特別に準備したきものを販売する、実質的にツアーがメインのスケジュールです。

あれこれ企画を練るうち、横浜店独自のツアーを企画し、実施してみることにしました。せっかくやるからには、春は桜の京都、夏は避暑の箱根、秋は紅葉の東北・北陸、冬は雪の北海道など、誰もが行きたい季節に行かなければ意味がありません。

とはいえ、混雑必至のベストシーズンに最適な交通手段を選び、評判の良い宿を押さえるのは専門の旅行業者でも至難の業です。初期に実施した札幌雪まつりツアーでは不慣れ

高島屋のショッピングツアーは1990年代には中国でも実施。国内外のツアーに何度も参加してくれた山室陽子さん（左）、三上喜久子さん（右）と北京で記念写真に収まる筆者（中央）（写真提供・山室陽子さん）

なこともあり、ツインの予約に対し、シングルルームにエキストラベッドを入れるという失態を演じてしまいました。

それ以来「最終的なチェックは必ず自分でやる」と肝に銘じ、下調べを徹底しました。さらに特別なイベントを組んだツアーでは1年前の同じ日に予行演習を兼ねて必ず下見に出掛けました。そうしなければ、最高のおもてなしにはならないと思ったからです。

例えば京都の祇園祭のハイライトである山鉾巡行《やまほこじゅんこう》は7月。下見でその猛暑を肌で知った私は巡行ルートを調べ、見やすい観覧席を確保するため同行スタッフで早出しました。巡行時間の直前にスタッフとお客さまが入れ替われば炎天下でお待たせしなくて済みます。

さらに席の傍らにアイスボックスと冷たいおしぼりを用意し、着席したお客さまに手渡していると、隣席に陣取った競合百貨店のお客さまから「高島屋さんはずいぶんサービスが良いわね」と感心されました。

褒められたスタッフもうれしいし、サービスを受けているお客さまもちょっぴり優越感を感じられたことでしょう。これこそが私たちのおもてなしであり、他店以上の準備を重ねてきた結果だと思うと、ちょっと誇らしく感じました。

感動とサプライズを盛り込む

顧客と心を通わせるショッピングツアーを始めたのは私が30代後半だったころで、かれこれ10年以上も続けることになりました。

記憶に残るツアーは山ほどありますが、あえて挙げるとしたら1989（平成元）年2月に実施した「フードピア金沢を訪ねる旅」でしょうか。

フードピア金沢は観光閑散期の金沢市内の活性化を目指す「食」のイベントで、何回かの準備祭を経てその年が第1回の本祭でした。現在は地域資源を活用した長期的な催しにシフトしていますが、当初は各界の著名人を市内の料亭などに迎え食談議を楽しむイベントが象徴的なイベントとして実施されていました。

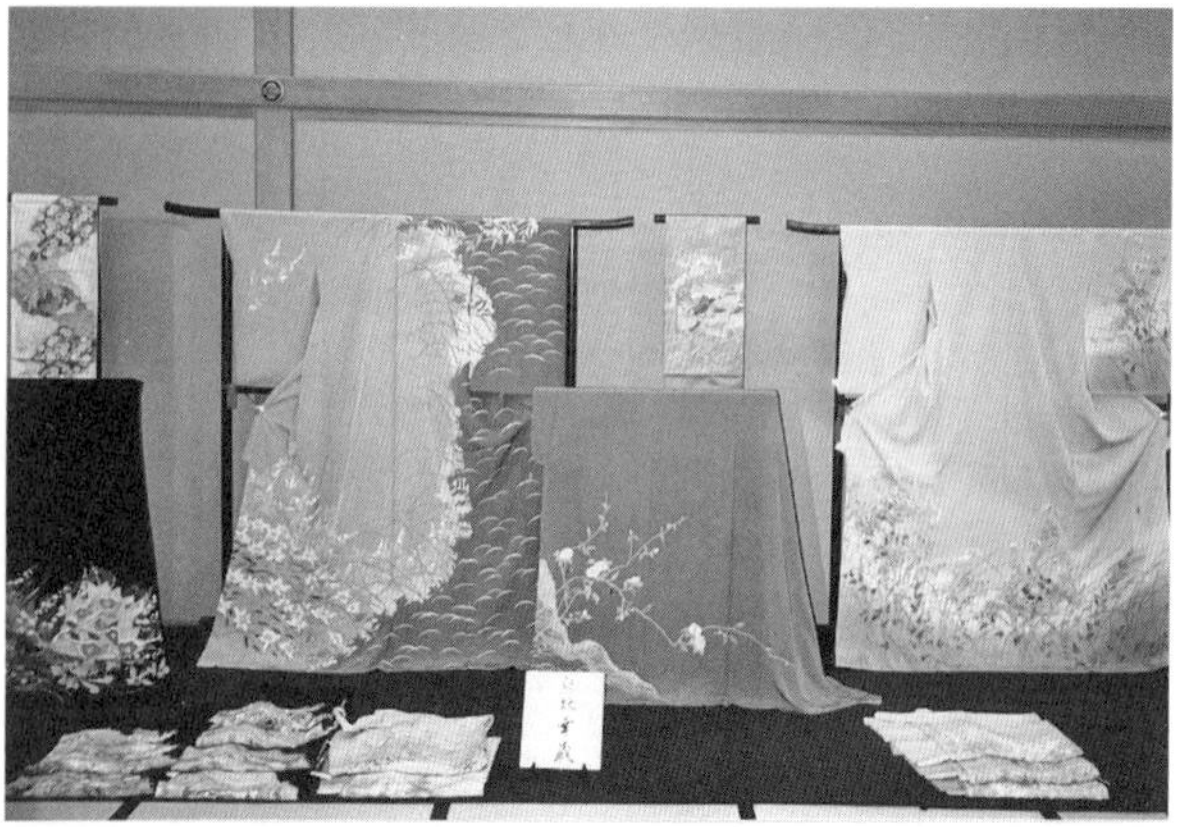

「フードピア金沢を訪ねる旅」の加賀屋会場。加賀友禅の巨匠・作家の作品がズラリと並び、壮観だった＝1989年２月

私は数あるホテルや料理旅館の中でも名旅館として名高い「加賀屋」を会場として押さえ、金沢で初めての加賀友禅専門店として「ゑり華《はな》」（金沢市）を創業された花岡慎一さんに協力をお願いしました。

花岡さんは私の「加賀友禅の師匠」と呼ぶべき方で、作家を紹介してもらったり、芸妓《げいぎ》にお引きずり（裾を床に引きずるきもの）を納めるのに同行したり、染織の現場の仕事をあれこれ実地で教わりました。２０１７（平成29）年には収集した2万点の加賀の染織品を紹介する

「加賀お国染ミュージアム」を自店2階にオープンさせ、加賀友禅の保存と発展に尽力されています。

もうひとつ記憶に残るのが、博多祇園山笠の見物を組み込んだツアーです。博多祇園山笠は7月1日から15日まで延々と続くお祭りですが、見どころは15日の早朝から始まるクライマックスの「追山」に尽きるでしょう。

その桟敷席を50人分、九州に人脈のある信頼できる人に頼んで手に入れたはずだったのですが、何かの手違いがあったらしく、1カ月ほど前になって突然「取れない」と連絡を受けました。寝耳に水とはまさにこのことです。

とはいえ、楽しみにされているお客さまのことを思うと、スケジュールの変更はあり得ません。人は得てしてこういう際に弥縫《びぼう》策を講じやすいものですが、それだけは絶対に避けようと思いました。

あまり耳慣れないかと思いますが、「弥縫《びぼう》を策す」の弥縫とはほころびを繕い縫い合わせること。つまり、失敗や欠点を取り繕うことで、間に合わせの処置をする、その場を取り繕ってごまかすといった意味になります。

緊急を要し一時的な取り繕いが必要なケースもありますが、幸いまだ1カ月程度の時間がありました。するとその間に矢代仁の岡本巧さんが、これから売り出される席があるという情報を知らせてくれたのです。そこで素戔嗚尊《すさのおのみこと》を祀り、博多祇園山笠が奉納される博多の総鎮守・櫛田神社に直接電話して相談してみました。事情を説明するとこんな返事が返ってきました。

「ご希望に添える情報かどうかはわかりませんが、当神社の桟敷席の発売はこれからでなんですよ」

正確な日にちは忘れてしまいましたが、現在は12日の追山ならし、15日の追山の桟敷席それぞれ300席が、6月26日の朝9時から発売されています。「これだ！」と思った私はすぐに博多へ行き、学生アルバイトを集めました。1人1枚限りのプラチナチケットなので、少なくても50人の学生を集めなければなりません。

バイト学生に食事や飲み物を差し入れながら一夜を明かし、何とか希望の50枚を用意することができました。追山が行われる15日未明のまだ真っ暗な午前2時、お客さまを櫛田神社の桟敷席に案内した時はまだ緊張が解けず、ホッと一息ついたのは見物が終わってからでした。

参加者には旅慣れたお客さまも多いので、通常のツアーでは行けない場所、例えば普段は非公開の塔頭《たっちゅう》（寺社の敷地内の小院）や秘仏を見られるよう、あらゆるルートを使って交渉し、いつしか「名物ツアー」として楽しみにしてくれる方が増えていきました。見どころ満載というよりも、ゆったりした旅程の中に、感動やサプライズをいかに盛り込むかに心を砕きました。

非日常の感動〜旧吉田邸の花見の会

バイヤーになって間もなく、私はＮＨＫの人形劇「新八犬伝」で知られていた人形作家の辻村寿三郎（ジュサブロー）さんの担当になりました。

寿三郎さんは舞台や映画の衣装デザインや演出家、脚本家としても活躍されており、以前から作品に触れる機会はありました。しかし初対面の際は私が話しかけてもほとんど黙ったままで、芸術家特有の近寄りがたいオーラに包まれていました。

横浜高島屋で「ジュサブロー展」が開催されていたある日、会場の隣の喫茶店に二人で入ったときも、私は何を言っていいか分からずにずっと黙ったまま。その空気にたまりかねた辻村さんの方から話を切り出し、それからはすっかり打ち解けました。

印象的だったのは「似合うきものは顔が華やいで、うれしそうに見える」という言葉で、その後のお客さまとのやりとりでずいぶん役に立ちました。

その後、寿三郎さんのきものを扱う京都の小田章を訪ねたとき、大脇一心さんの「辻が花」を一目見て「これはいける」と直感しました。

辻が花は、安土桃山時代に最盛期を迎えた絞り染めの一種で、当時の技法は失われ「幻の染め物」とも呼ばれています。現在の辻が花は作家や職人が独自に再現したもので、大脇さんは自作を「西洞院《にしのとういん》辻が花」と名付けていました。

一般的な友禅が「陽」だとしたら大脇さんの辻が花は「陰」。夏椿《なつつばき》（沙羅樹《しゃらのき》）や病葉《わくらば》（病気で変色した葉）、藤などのモチーフを多用し、繊細な墨描きの花の花芯を少しずらすことで、今にもほろりと散ってしまいそう風情を醸し出し、人生のはかなさを思わせるのです。私は「いつか大脇さんの作品展をやりたい」と心に決めました。

それからというもの、呉服部特販課の誰かが京都に出張に行くと聞けば、大脇さんの作品を見てもらうよう積極的に声を掛け、その魅力を知ってもらうことに努めました。そして「ここだ」と思い定めた会場が大磯の旧吉田茂元首相邸。とはいえ、簡単に借りられるはずもありません。

当時の吉田邸は大磯プリンスホテルが管理していたため、まずは店外催事で同グループ

らいの施設を利用して実績を積み、部長に頼んで社員旅行も大磯プリンスホテルにしてもらいました。すると大磯プリンスホテルの合田健三さんが私の気持ちを汲《く》み、吉田首相存命中からの管理人さんに紹介してくれたのです。

何度も合田さんと管理人さんを訪ねて親しくなり、ようやく許可を得ました。ひとりで一から始めた企画で、準備に2年以上かけましたが、お客さまを驚かせ、喜んでもらえる自信がありました。

そして桜の季節、最高の季節に最高の場所で、庭園に緋《ひ》もうせんを敷き、野だてを設《しつら》え、最高の「桜の会」を催すことができました。

催事終了後には、たったひとつのごみも残さないよう、ゆるやかな丘陵に造られた広大な庭園を隅々まで歩いてチェックしました。そうして得た信頼のおかげで、これ以降、旧

旧吉田邸保存の機運を高めようと2006年２月に行われた同邸庭園の一般公開の様子。残念ながら09年に火事で本邸が焼失したが、再建され現在に至る

吉田邸での催事を何度も重ねることができたのです。

川奈ゴルフ場で男性向け催事

横浜高島屋の呉服担当バイヤーとして国内外へのショッピングツアーに注力した私にとって、もうひとつのビジネスの柱が店外催事でした。その企画や運営もバイヤーの手腕を問われる場のひとつです。

店外催事の会場は県内の有名ホテルや旅館、料亭などで、横浜のホテルニューグランド、大磯プリンスホテル、大磯の滄浪閣《そうろうかく》、鎌倉山の山椒洞《さんしょうどう》、葉山の日影茶屋などをよく使いました。私の経験では、店外催事の成績の良しあしは、販売する商品の品ぞろえと会場選びに左右されます。

非日常の特別な会場での特別な体験がお客さまの購買意欲を高める─。その点はショッピングツアーと同じですが、ここぞと思った場所を必ず借りられるとは限りません。また、どこで、誰に、何を売るかという雰囲気やイメージのマッチングも重要です。

当時、呉服部として力を入れていたＯＹ作戦（大島紬《つむぎ》と結城紬の集中販売）の企画を考えていた私は、あることに気が付きました。

「いつも奥さまのきものばかりで、ご主人には何もお勧めできていない」

男性用の正絹のきものといえば「お召《めし》」と「紬」が代表格で、紬は用途が広いのが魅力です。ＯＹ作戦も紬の販売対象の広さに着目して続けていた販促企画ですが、男性用の売り上げは長年横ばいでした。

「店外催事も女性客を想定したものが多い。どこで開催したら男性のお客さまに売れるだろうか」

そこで思いついたのが、ゴルフコンペと販売会を組み合わせることです。

ゴルフ会員権が高騰し、ゴルフ人口も急増していた時代、誰もが憧れる川奈ホテルのゴルフコース（静岡県伊東市）でできないだろうかと部長に相談すると、間を置かずに８組の予約を取ってくれました。

各組に高島屋の外商部員か呉服部員が一人ずつ加わり、プレー中のお世話をするため、コンペの参加者はわずか24人という設定です。

ゴーサインが出たものの、私自身はゴルフを始めたばかりの初心者。何をどう進めてよいか詳しいことは分かりませんでした。そこでゴルフ用品売り場の先輩や企画宣伝部の人たちの力を借り、会場の設営案や品ぞろえ、コンペのルールや賞品などを練り上げていったのです。

　川奈ホテル内に展示会場を設け、受付スタッフは赤いブレザーに白いスカート。展示会場はもちろん、客室、パーティー会場、トイレに至るまで、高島屋のシンボルであるバラの花を飾りました。川奈ホテルの高島屋専用の受付でお迎えしたお客さまをすぐ展示会場に案内し、夜は前夜祭のパーティー、翌日がゴルフというスケジュールです。

　展示会は予想を大きく超える大盛況。ダブルペリエ方式で行ったコンペの表彰式では、振り袖姿の女性スタッフがプレゼンターを務めました。

「絶対に欠員を出さないよう」にという部長の厳命のもと、初めての試みでしたが、大成功のチャレンジでした。きものとゴルフに共通項は見出せませんが、「川奈でゴルフコ

店外催事とショッピングツアーに明け暮れていたころの筆者（左から２人目）。さっぽろ雪まつりツアーで、同僚らと大雪像の前で

ンペ」というそれまでになかった販売機会を生み出し、新たな顧客を創造することができたのです。

留袖一式に老舗の魅力を盛り込む

横浜高島屋の呉服担当バイヤーとなった当時、私は特選呉服（作家作品と特徴品）と振り袖を担当し、他に式服（留め袖や訪問着）、染呉服、和装小物などの担当者がいました。

「バイヤーは外へ出て商品をたくさん見て回れ、人脈を広げろ、机の前に座っている暇はない」

そういう部長の言葉を守ってあちこち飛びまわっていた1993（平成5）年、留め袖と訪問着も担当することになりました。バブル経済が崩壊し、呉服販売が厳しい状況に陥っていた時期です。

苦境を打破するためには「新たな顧客の開拓」が必要だと思案を巡らせ、同年6月9日の皇太子さま（当時）と雅子さまの御成婚に合わせて留め袖を売ろうと思いつきました。留め袖は既婚女性の第一礼装で、あやかり婚による需要の増加が見込めるのではないかと思ったのです。

そこで入社2年目の女子社員に過去2年分の留め袖の販売実績を調べさせると、驚くほど早くかつ正確に購入時期、年代や価格帯など、よくできた分析結果が提出されました。それをもとに、留め袖、袋帯、バッグ、履物、末広（扇）、長襦袢《ながじゅばん》、帯締め、帯揚げをそろえ、お誂《あつら》え仕立て付き50万円の商品企画を練り上げたのです。

しかし何か決定的な魅力が足りません。そこで無理を承知で京都を代表する名匠老舗の品でそろえようと考えました。留め袖は「千總《ちそう》」、袋帯は「川島織物」、草履とバッグは「伊《い》と忠《ちゅう》」、末広（扇子の別名）は「宮脇賣扇庵《ばいせんあん》」です。

早速、千總の清水脩さん、田中宏幸さんらに相談すると、予想通り「とても無理です」という返事が戻ってきました。むろんここまでは想定内で、交渉はここからだと気合を入れ直しました。

まず、過去の優秀図案を部分変更する手法でデザイン料を抑え、特徴的な彩色に変えた10柄を各10枚、計100枚を全品買い取るという提案で何とか引き受けてもらうことができたのです。これも長年の信頼関係があったからこそで、同じように各社の協力を得て、「京都有名老舗の雅セット」が完成しました。ツアーや催事と同様、この場合は商品にサプライズを盛り込んだのです。

経営陣やバイヤーが集まるミーティングでは、どれだけ売れるのか不安視する意見もありましたが、いかに付加価値の高い商品であるかを丁寧に説明し、在庫リスクを冒してでもやるべきだと主張しました。

結果としては200枚を追加発注するほどの評判を呼び、競合店のバイヤーが偵察に来るほどの大ヒット企画となりました。

私がこの留め袖セットを企画したのはお客さまに喜んでもらうことはもちろん、呉服売り場に活気を取り戻したかったからです。

自身が企画した「留め袖一式セット」の思い出を語る筆者

「苦戦の原因は販売員が自信を持ってお客さまに勧められる商品が少ないからだ」

「売り手に活を入れて、活気を取り戻すためにも思い切ったチャレンジができないか」

そこで京都の有名ブランドを

集めた分かりやすい商品をつくり、販売員にその価値を何度も何度も説明しました。さらに出張先から毎日電話をかけて売れ行きを聞くうち、誰もが販売数を気にし始め、積極的に勧めるようになりました。

「売れるかな」から「売りたい」という気持ちになると、当然、販売にも熱が入り、売り上げも気になってくる―店頭で実際に販売する人たちを積極的に巻き込んだことも、このセットがヒットした一因だと思います。

営業機会は自ら創出すべし

第2次ベビーブーム世代が成人を迎えた1990年代前半、私は呉服部のバイヤーとして、きものの需要を喚起しようとさまざまな企画を考え、実行しました。

1995（平成9）年の目標は振り袖1000枚の販売で、年明け最初の催事を磯子プリンスホテルの桜の間、約1500平方メートルの大広間で開くことにしました。

ところが意気込んで迎えた開催日は雪予報。気が気でない私は前夜10時すぎ、展示会場の準備を終えて帰宅した売り場マネジャーの田中宏さん、原孝さんに連絡して再びホテルに来てもらいました。積雪で送迎バスが長い坂道を上れないようなら、3人で雪かきをしようと思ったからです。

幸いチェーン装着で登坂できましたが、このとき脳裏にあったのは「営業機会は無限だ」という言葉です。半導体・電子部品商社の創業社長で特販課時代のお得意さまに教わったもので、この日も自ら創出した営業機会を生かそうと必死になったのです。

悪天候ながらも2日間の売り上げは絶好調。年間目標達成への大きな弾みとなり、「日本橋店を抜く」目標も一時的でしたがこの年に実現できました。

バイヤーになった私が国内外のショッピングツアーや店外催事に知恵を絞ったのも、この金言に背中を押されたからです。

そして営業機会の創出はバイヤーの使命のひとつであり、そのチャンスを生かすためには、販売と仕入れ、小売りと問屋といった立場の違いを超えて協力し合う必要があります。

そう考えた私はバイヤーになってからも積極的に訪問勧誘に出掛け、後輩のセールスには晴れの日よりも雨の日、雨の日よりも雪の日に営業に出るようハッパを掛けました。悪天候ほどお客さまの在宅率が高いからです。

バーゲン催事の手伝いに来る取引先の若手社員も例外ではありません。彼らは午後4時を過ぎるころになると帰社するのが慣例でしたが、若手の元気な声が減ると売り上げも落

きものの需要喚起の一環として高島屋が力を入れるオリジナル振り袖「誰《た》が袖好み」

ちるものです。そこで「今日は帰りに飲みに行こう」と声を掛けて、できる限り残ってもらうようにしました。

閉店後にご売約品を全員でチェックし、翌日に備えて商品を並べ替えてから、ようやく飲み会へ出かけます。それはいつしか「池田学校」と呼ばれ、若手の勉強の場になっていきました。

実はこの手法も特販課時代のお客さまで、神奈川県内各地にオートバイショップを展開する茅ケ崎市のU－MEDIA（梅田モータース）の梅田勉社長の手法を参考にしたものです。梅田さんは時々、仕事を終えて帰社しようとするメーカーの営業マンにこう声を掛けていました。

「今日は昼飯を食べて行ってよ。一緒に行くから、ちょっと待ってて」

梅田さんと商談中の私が「待たせていいんですか」と恐縮して尋ねると、「うちはまだ販売員が少ないから、彼らを頼りにしているんですよ」と笑いながら、この秘訣《ひけつ》を教えてくれたのです。

バイヤーになってから自分なりのバイヤー像をイメージし、いろいろチャレンジできたのは、呉服特販課時代からお客さまに育てられたおかげだと思います。

逆張りで反転攻勢

私が横浜高島屋を離れ、関東事業部MD統括本部に異動した1999（平成11）年当時、百貨店業界の売り上げは低下傾向にありました。90（平成2）年の12兆円をピークに売上高は縮小に転じており、2000年代後半となると百貨店同士の経営統合や再編が進みました。呉服業界の業績も落ち込み、小売りの売上高は平成の20年間で5分の1程度に激減していました。

高島屋も例外ではなく、旗艦店である日本橋高島屋では1994（平成6）年、呉服売り場を移設しましたが、高島屋らしい高級感を打ち出し、売り上げの下降傾向を緩やかなものにとどめていました。同業他店では売り場の移設や面積の縮小にとどまらず、呉服取り扱いの廃止などが相次ぎました。

2005（平成17）年5月、部長級に昇進した私は翌年3月、MD本部商品第2部呉服ディビジョン長に就きました。高島屋グループ全体の呉服を統括する立場になり、主業務のきものの企画、仕入れ、販売はもちろん、新たな方向性を打ち出そうと必死にもがくことになりました。

もはや選り好みをしている場合ではありません。専門誌やきもの雑誌、新聞、テレビの取材、講演依頼、業界の会議など、声が掛かればどんなことでも時間をつくり、丁寧に対応することに努めました。

そんな状況下の06（平成18）年、高島屋の経営陣が日本橋店の改装を決定しました。消費環境の変化、顧客の嗜好《しこう》の変化などを踏まえて基本的な方向性を決定し、新たな顧客の創造を実現する改装でなくてはなりません。あらゆる状況を考慮して費用対効果を考えつつ、改装の図面を起こす仕事は実に多岐にわたります。

私にとっても大型改装は初めての経験で、営業本部長である専務の指揮の下、日本橋高島屋らしさを生かした新たな売り場を模索する毎日が続きました。図面を描いては破棄し、描いては直し、時には専務の的確で厳しい指摘を受けてやり直し。いったい何十枚の図面を描いたことでしょうか。

そして連日遅くまで、営繕デザイナーと頭を突き合わせて打ち合わせを重ね、多くのことを学びながら改装案を練り上げました。その結果、経営陣は日本橋高島屋の改装において、呉服売り場を増床するという英断を下してくれたのです。

この間も本来の仕入れ業務や商談は続き、例えば博多への出張の機内で基本案をまとめ、取引先との商談が終わった翌朝早く、福岡市内にある24時間営業のビジネスコンビニでパソコンを借り、企画書を作成してメールで送付するなど、それまで経験したことのない忙しさに追われました。

増床改装後、日本橋店の売り上げは上向きに転じ、その成功を受け、新宿店、大阪店、横浜店の大型4店舗の改装が決定しました。しかも全ての店舗で呉服売り場の増床が認められたのです。その実現にはさらに大きな苦

2006年に増床改装した日本橋高島屋の呉服売り場。
従来とは異なりシックでモダンな“上質”を追求した

労が伴いましたが、かつてない充実感も味わうことができました。

大型4店舗の改装に携われただけでも幸運でしたが、縮小が続く呉服業界であえて増床した、いわば逆張りの反転攻勢は業界の注目を集めました。

第10章　仕事と向き合う

早く働きたくて就職を決意

横浜立野高校のクラスメートの多くが大学進学を志す中、私は就職する意思を固めていました。黙々と靴を作る父の背中に憧れ、幼い頃は靴職人になろうと考えたこともありました。しかし、いろいろなアルバイトを経験し、働く楽しさや自由に使えるお金を稼ぐ面白さを知ると、早く社会に出て稼ぎたいという気持ちが募っていきました。

進路相談で担任と両親にその気持ちを伝えると、父は何も言いませんでした。しかし母が「どうして大学に行かないの」と、何とも困った悲しそうな顔をしたのを覚えています。2学年上の兄・喜信が明治大学に進み、私の学資もちゃんと準備してくれていた母には申し訳ない気持ちでした。

就職の相談に乗ってくれた中川温先生からは、コカコーラ、横浜ステーションビル、横浜高島屋の3社を紹介されました。

自立したい気持ちだけが先走り、確たる目標がなかった私は、単純に初任給の高い会社にしようと思っていました。ところが中川先生は「将来的には高島屋がいいと思う。難しいが受けてみなさい」と言うのです。

就職相談で中川先生から見せられた資料では、1969（昭和44）年の横浜高島屋の初任給は確か2万2千円で、3社の中では一番低かったと記憶しています。私は百貨店の仕事がどんなものか分かっていませんでしたが、振り返ってみると、ここが人生の大きな分岐点でした。

　高島屋の歴史は1831（天保2）年、飯田新七（初代）が京都烏丸に「高島屋」という屋号の古着・木綿商を開いたことに始まります。その後、日本の呉服や工芸品の素晴らしさに着目、国内外の博覧会に美術染織品を出品して数々の賞牌《しょうはい》（メダル）を獲得。1919（大正8）年、株式会社高島屋呉服店設立を機に、本格的な百貨店経営に取り組み始めました。

　おなじみのバラのデザインが包装紙に採用されたのは52（昭和27）年。そして

高島屋入社1年目の正月、高校の友人たちと和服で北方皇大神宮に初詣（右端が筆者）＝1971年1月

59年（昭和34）10月、私が北方小学校2年生のときに横浜駅西口に横浜高島屋が開店しました。

戦後、横浜駅西口は空き地のままでしたが、そこを入手した相模鉄道が百貨店を中心としたビルの建設を計画し、高島屋はその出店要請に応える形で57（昭和32）年、別会社として株式会社横浜高島屋を設立したのです。その後、横浜駅西口には横浜ステーションビル、ダイヤモンド地下街などが誕生し、うら寂しかった駅前の様相は一変しました。中川先生は、そうした変化の中で高島屋が果たした役割や成長性を見極め、就職を薦めてくれたのでしょう。

筆記試験の出来はさほど良かったと思えません。その一方、面接では「これはいける」という根拠のない自信を持ったものの、アルバイト先の八百屋で内定の知らせを受けたときは正直ホッとしました。

進学を願う期待を裏切ったのに、両親は就職祝いに上等な背広を2着仕立ててくれました。「大学に行けばどんな人生だったのか」と考えたこともありますが、今は「これで良かった」と思っています。

自ら計らわず

右も左も分からず始めた呉服の仕事が面白くなりかけた１９７９（昭和54）年、私は主任級への進級試験を受けることになりました。入社10年目の６月１日のことです。

試験日は８月末。大学受験を経験していない私にとっては、生まれて初めて猛勉強する機会となりました。とにかく毎日続けるため、試験までの３カ月間、大好きな酒を断つ決心をしました。

試験内容は一般常識や用語説明、小論文などでしたが、当時の私はきものに関する専門的知識も浅く、百貨店業界や経済問題などにも疎く、どれも超難関に思えました。合格するためにはひたすら勉強するしかありません。

何から手を付けようかという手探り状態の中、１週間の連続休暇を取り、紅葉坂を上って神奈川県立図書館に通いました。一生懸命に勉強している人々のいる環境に自分を置いてみたかったのです。

集中して勉強を始めて数日経つと、不思議なことが起きました。いろいろなことが一度読んだだけで頭に入ってくるのです。それまでろくに使っていなかった頭ですが、まるでスポンジに水が染みこむような感覚でした。

大好きな酒を断って猛勉強し、主任級試験に合格した筆者（右奥）。バイヤーの先輩たち（左から菊池保さん、大嶋康之さん、青戸寛さん）とくつろぐひととき

出勤した日は帰宅後まず家で一眠り。食事をしてから銭湯で一風呂浴びて、冷たいコーヒー牛乳を1本。これで身体が軽くなり、頭も冴《さ》えて、もうひと頑張りできるのです。

そうなると時間がたつのも忘れて勉強に没頭し、少年野球の早朝練習に向かう子どもたちがわが家の前を通る、その話し声でわれに返り、わずかな仮眠を取って出勤したことも何度かありました。

断酒したこともあり、70キロあった体重は61キロまで減りましたが、体調はすこぶる良好でした。試験を終えた日、酒が飲めない後輩の岡部宏典君を誘い、関内に繰り出して飲んだ3カ月ぶりの酒は本当に旨《うま》く、したま酔いました。

10月、待ちかねた合格の告知で自信を持つ一方、同僚の菊池保さんの「係長（主任級）

になれば見える世界が変わる」という言葉を思い出し、「これで売り場の主任になれる」とひそかな期待を抱きました。

ところが翌春の人事で配属されたのは呉服特販課でした。特定の顧客に高級呉服を売る部門で、呉服に特化した外商担当です。京都、大阪、日本橋などの高島屋の呉服部には以前からありましたが、横浜店では設置されてまだ数年でした。

このとき28歳の私が最年少で、ほかは30歳代後半から60歳を超えた人もいるベテランの集まりでした。

まず思ったのは「どうして自分が…」という疑問でした。それから、これまで売り場でフリーの来客に向けて商品を販売してきたため、「自分には特定の顧客などいない」という困惑です。

しかし、落胆しても仕方ありません。ふと思い浮かんだのは城山三郎著『落日燃ゆ』の主人公で総理や外務大臣を歴任した廣田弘毅の有名な言葉「自ら計らわず」でした。一見して主体的でないようにも感じますが、果報は寝て待てとか、なるようにしかならない、という後ろ向きな心情ではないと感じて記憶に残っていたからです。

自分なりの理解ですが、どんな境遇に置かれてもくよくよせず、与えられたところで、与えられた役割を全うしようと気を取り直しました。

正直と誠意が報われた瞬間

結城紬《つむぎ》と大島紬を集中的に売り込む「OY作戦」で東奔西走していたある暑い日、逗子の顧客宅に車で向かう途中、北鎌倉から鶴岡八幡宮へ抜ける道で大渋滞に巻き込まれてしまいました。

OY作戦が行われるのは毎年6~8月の猛暑の時期です。しかもレジャー客で混雑するこの時期に、車で出たのがそもそもの間違いでした。やっと見つけた公衆電話で先方に連絡すると「今日はもう来なくていい」とにべもなく断られてしまったのです。

その語調から、「もう行っても仕方がないから帰ろう」という思いと、渋滞を読み誤った自分の失態を悔いる気持ちとがせめぎ合い、動かない車の中で悶々《もんもん》と自問自答を繰り返しました。

散々迷った揚げ句、せめておわびだけでもと心に決め、そのままお宅に向かったものの、到着した時は当初の約束から1時間以上が過ぎていました。

「本日は大事なお時間を無駄にしてしまい、誠に申しわけありません。改めておうかがいさせていただきたいと存じます。今日はこれで失礼いたします」
玄関先で深々と頭を下げた私はそのまま帰ろうとしました。すると、それまで厳しい顔をしていたご主人が「ちょっと待ちなさい。せっかくだから見ますよ」とおっしゃったのです。

その言葉に甘え、恐縮しながら座敷に上がり、持参した商品をいろいろと見せました。するとその日の品物の中でも飛び切り高額な結城紬「160亀甲」を購入してくれたのです。

反物の幅（約38センチ）の中に160の亀甲文様が織り込まれた精緻な紬で、使われるのは縦糸も緯糸《よこいと》も特別な極細の手紡ぎ糸。絣《かすり》くくり、地機《じばた》織りの全てが究極の職人技の結晶というべき逸品でした。

「遅れたおわびだけ」のつもりが、自分でも思いがけない好結果につながり、どんな場合であっても正直に誠意を尽くすことの大切さが身に染みました。

OY作戦ではまだ少なかったお得意さまのほか、地元の和裁教室、知人や学校の先輩に至るまで必死に売り込みましたが、これほどの高額品を売ったのはこれが初めてで、足が震えるような心地でした。それでこの結城紬は特に記憶に残っています。

携帯電話がない当時は、訪問営業でしばしば行き違いがありました。例えば訪問時に不在だった翌日に電話をかけると「昨日はいたけど何時に来たの」「ちょっと出ていた」などと言われてしまうのです。

何とかしなければと考えた私は、顧客に会えなかった日は、何時何分という正確な訪問日時とコメントを記した名刺を置いてくることにしました。

するとお客さまの方から電話がかかってくることが増え、再訪問や売り上げにつながっていきました。

伝説の営業マンとして知られるE・G・レターマンの名著『営業は断られた時から始まる』ではタイトルの通り、お客さまの「NO」という返事を商品への興味と受け止め、そ

尊敬する特販課の先輩、星加美智子さん（左から２人目）、山下貞子さん（同３人目）とともに産地研修で鹿児島を訪問した筆者（左端）。取引先の人に案内されて記念撮影＝1988年６月

こから改めて提案を始めていきます。それは大きな発想の転換ではありますが、私の経験からの実感では、売り上げは原則として訪問件数に比例します。

駆け出しの頃は断られてもめげずに経験を積む覚悟が大切だと思います。

販売のプロからバイヤーへ

横浜高島屋の呉服売り場で社会人生活をスタートさせた私は入社11年目の1980（昭和55）年、特定の顧客に高級呉服を売る呉服特販課に配属されました。

そのころ、横浜高島屋は83（昭和58）年に港南台支店をオープン、高島屋グループ全体の売上高は88年度に百貨店で初めて1兆円を超えました。

こうした成長期に特販課で営業経験を積んだ私は86（昭和61）年、課長級への進級試験を受けるため、2月ごろから準備を始めました。係長級試験は実質3カ月の勉強で合格できましたが、難度が格段に上がる課長級は甘くはありません。それで通常の試験勉強に加え、日々の仕事も試験を想定しながら目標を立てて進めるように努めました。

さらに「絶対に合格しなければならない」というプレッシャーを自身にかけるために社内ローンを申し込み、古くなった家を建て替える手続きを始めて、自分流に退路を断ちました。

その効果もあって無事に進級ました。よく一発で通ったと思いますが、これを機に「呉服販売のプロフェッショナルを目指す」という目標ができました。ところがそれから間もなく、私は部長の萩塚勝治さんから食事に誘われました。横浜駅西口の「瀬里奈」でしゃぶしゃぶをごちそうになり、おいしさの余韻に浸っていると、萩塚さんの口から出たのは思いがけない言葉でした。

「今度バイヤーをやってくれ」

商品の企画から仕入れ、販売にまで責任を持つバイヤーには専門知識や企画力など、幅広い能力が求められます。一営業マンとして過ごしてきた自分に果たしてバイヤーが務まるのかどうか、そのことがまず脳裏をよぎりました。それに、課長級への進級を機に販売を極めたいと決意した直後だったため、意表を突かれた気がしました。

しかし一呼吸置いて落ち着くと、それまでのきもの人生で出会ってきた作家、職人、取引先、お客さまなどの顔が次々と思い浮かぶとともに、振り袖受注会を前倒しで成功させたこと、特販課の一員としてベテランバイヤーと衝突したことなどが思い出されました。

こうなるともう止まりません。あれもやりたい、これもやりたいというアイデアが湧き上がり、飛び上がりたいほどのうれしさを抑えられなくなりました。

1987(昭和62)年4月、横浜高島屋営業第4部商品担当職(バイヤー)となった私は、日本橋店を追い抜くという目標を掲げました。

友禅染に描かれる「近江八景」の名所図の一つ、「石山の秋月」の石山寺(大津市)を訪ねた筆者=1989年5月

というのも特販課の営業時代、もう少しで買ってくれそうなところまで話が進んでも、「日本橋店の○○さんによろしく」と言われてしまい、成約に至らない悔しい思いを何度も経験したからです。

ちなみにこの時、横浜高島屋は高島屋グループの一員ではあるものの、傘下に横浜店、玉川店、港南台店を持つ独立した株式会社でした。京都、大阪、日本橋各店を中核としてきた株式会社高島屋に統一されるのは95(平成7)年のことです。

とはいえ、買い物客から見ればどこも同

じ高島屋の一店舗。その中で関東地区の旗艦店は日本橋店で、信頼と実績の上に築かれた格の違いは歴然でした。

地元の横浜店に親しみを感じていても、高額商品は「本店」と呼び慣わされてきた日本橋店で、なじみの販売員から買いたいという顧客が多かったのもまた事実です。

横浜店の営業成績を伸ばすには、横浜らしさを打ち出し、東京との差別化を図らなければならない。そう考えていた私のバイヤーとしての初仕事は、着任直後に京都で京友禅の老舗が開催した「千總《ちそう》展」でした。

当時、横浜店と日本橋店の呉服売上高には10億円ほどの開きがあったと思いますが、先輩バイヤーの鈴木宏さん、高瀬邦司さん、そして特販課全員の頑張りで8年後の95（平成7）年に、一時的とはいえ、年間売り上げで日本橋店を追い抜くことができました。

昭和の終わった日

長く続いた昭和が終わった1989（昭和63）年。昭和天皇の崩御の第一報を聞いたのは、確か1月7日の朝のテレビニュースでした。

実は横浜高島屋では7、8日の2日間、関内の割烹《かっぽう》「般若亭」にお客さまを招待し、取引先の自慢の品々をゆったり見ていただく新春の恒例催事を予定していました。会場の鍵を預かっていた私はすぐに般若亭に駆けつけ、開催の可否はともかく、準備だけはしておこうと作業に取りかかりました。

朝8時すぎに横浜店長から電話があり、準備状況、招待客の人数、取引先や般若亭の板前さんの様子まで詳しく聞かれました。そして再度の電話があったのが9時すぎでした。

「今日は中止しますのでお取引先さまに丁寧に説明してください。準備にかかった経費はすべて高島屋が持つことをお話ししてくれぐれも失礼のないように。お客さまにも事情をご説明し、中止になったことをお伝えしてください」

さらに般若亭の関係者に至るまで実に細かな気配りの指示があり、私たちはすぐ手分けして案内状を出した顧客のお宅に電話をかけました。行き違いで来場した方には、食事の代わりに用意した手土産をお渡しして、丁重にお帰りいただきました。

昭和天皇のご体調が優れないことは以前から報じられていましたが、多くの人が初めて直面する事態にどう対処すればよいか分からない、そんな迷いの中にいたと思います。そんなとき、スピーディーかつ抜かりなく、顧客だけでなく取引先や内外のスタッフにまで最大限の気配りを見せた店長の的確な対応に尊敬の念を抱き、いつかはあのように判断できる人間になりたいと思いました。

万事において経験の積み重ねこそ重要だと深く胸に刻みつつ、今日で昭和が終わったという現実をかみしめながら、これからどんな時代になろうとも、きものの仕事で頑張っていこうと覚悟を新たにしました。

垣間見た一流の接客術

お客さまをご案内するショッピングツアーは常に緊張の連続で、一時たりとも気が抜けません。それだけにトラブルが起きたとき、どう対処するかが問われますが、今でも忘れられない感銘を受けた経験があります。

念願のシルクロードを訪れた旅で西安から上海へ戻る飛行機が6時間も遅れ、上海の虹橋空港に着いたときは誰もが疲労困憊《こんぱい》していました。途中、宿泊先の上海花園飯店（オークラガーデンホテル上海）に何度も電話を入れ、簡単な食事だけでも用意してくれるようにお願いすると、快く引き受けてくれました。

驚いたのはこの後です。

すでに夜の11時に近いというのに、バスがホテルの正面玄関に到着すると、十数名のスタッフが整列して出迎えてくれたのです。荷物はそのまま、すぐにレストランに行くように促され、エレベーターで階上に行くと、そこでも通路の両側に整列したチャイナドレス姿のスタッフが笑顔で出迎えてくれました。

信じられないような素晴らしい対応に、お客さまもすっかり元気を取り戻し、食事も時間をかけてゆったり楽しむことができました。さすが一流ホテルと思わせる「おもてなし」に、ツアー責任者としても救われた思いでした。

「さすが」と思わせる感動的なおもてなしを提供してくれた上海花園飯店（オークラガーデンホテル上海）

挫折を糧に変える

私自身はポジティブな性格ですが、39歳の夏、次長試験に落ちたときは、それまでになく落胆しました。係長級、課長級と順調に合格してきたので、初めて挫折を味わったのです。

面接試験の会場は高島屋日本橋店でした。そのため、いつもと雰囲気が違ったのも確かですが、他愛もない簡単な質問にかえって意表を突かれ、頭の中が真っ白になってきちんと話せませんでした。

「悔しいけれど、これでは落ちても仕方がない」

それまで人前で上がったことなどなく、思いがけず狼狽《ろうばい》してしまった自分に一番驚いたのは私自身だったかもしれません。

そもそも一発合格は難しい難関試験で、それほど落ち込む必要はないのですが、珍しく暗い気持ちで帰宅して新聞を開くと、「実践ビジネストーク」の広告が目に飛び込んできました。NHK放送技術研究所（世田谷区砧）で、アナウンサーを教える先生方が講師に名を連ねていました。

早速3800円の1日コースに申し込むと、参加者の前でスピーチしたり、自分が話している姿を録画したものを見たり、思ったより実践的なプログラムでした。

受講後、講師の先生から「池田さん。特に直すところはありません。ただしむやみに横文字を使わないように」とアドバイスされ、これで少し自信を取り戻すことができました。

次長試験には翌年無事に合格できましたが、それも落ちる痛みや悔しさを知ったからこそ。令和の時代も謙虚さと前向きさを忘れずに生きていこうと思います。

第11章　私の原点といま

横浜市中区で生まれ育つ

私は1951(昭和26)年12月28日、父・池田政與、母・マサ子の次男として横浜市中区上野町で生まれました。2歳上に兄の喜信がいます。家の近くの北方小学校、JR根岸線山手駅前の仲尾台中学校、本牧の県立横浜立野高校へ進み、ずっと中区で育ちました。

国際貿易港として世界に開かれた横浜には「日本初」や「発祥の地」を名乗るものが多く、生家の近くの妙香寺には、「日本吹奏楽発祥の地」の碑があり、英国陸軍軍楽隊の指導者J・W・フェントンから吹奏楽を学んだ薩摩藩士の合宿所でした。現在の国歌「君が代」は宮内省楽部が作曲しドイツ人音楽家F・エッケルトが吹奏楽用に編曲したものですが、〝初代〟君が代はフェントンが作曲したもので、妙香寺の境内には「国歌君ヶ代發祥之地」という石碑も立っています。

子どもたちの遊び場であるキリン園公園にはキリンビール発祥の地であることを示す「麒麟麦酒開源記念碑」があります。米国人コープランドがここに設立したビール事業を麒麟麦酒株式会社(現キリン株式会社)が引き継いだためで、母校の北方小学校の敷地内にはビール造りに使う水をくみ上げていた古井戸が残っています。

麒麟麦酒は関東大震災で被災して生麦(鶴見区)に移るまでここで操業しており、北方小学校の西側を南北に通る道は「ビヤ坂」または「ビヤザケ通り」と呼ばれ、工場で働く人たちの通勤路になっていました。

私の生家（今も住んでいます）はビヤザケ通りから本牧通りへ抜ける道沿いにできた商店街の一角にあり、祖父の代には「魚傳《うおでん》」という仕出屋兼魚屋でした。祖父は鎌倉の材木座の出身、祖母は鵠沼（藤沢市）から嫁いで来たそうで、横浜電気鉄道（のちの横浜市営電車）が本牧宮原まで開通したころに移り住んだのではないかと思います。

筆者の父・池田政與と母・田中マサ子の結婚式（1949年２月）の写真。長い年月を経てかなり傷んでいる

父は関東大震災の翌年の24（大正13）年生まれで10人きょうだいの四男。長男は太平洋戦争で死没し、次男は早逝。神戸の商社に勤めていた父は出征したものの無事に復員し、私が物心ついたときには本牧通りに面した場所に池田靴店を構えていました。靴作りの技術は戦後、

北方小学校内にあった軍需工場跡に開かれたオハイオ商会という製靴工場で身に付けたそうです。

父は朝早くから夜遅くまで黙々と働いていたため、私は遊び相手がいないとき、父が靴を作っている前に座り込んでずっと見ていました。後年、きものという伝統工芸を支える職人さんや技術者と付き合うようになると、黙々と仕事に打ち込んでいた父の背中が重なり、それが話の糸口になったりしました。

母は父より6歳年下で、戦後、私の生家の斜め前に開店した魚屋の娘でした。魚屋を切り盛りしていたのが母方の祖母・田中マスで、幼い私は一時期、この祖母をなぜか男だと思い込んでいました。長靴を履いて前掛けをし、威勢よく働いていたからでしょうか。

街頭紙芝居が来ると、祖母が店頭につり下げた籠から小銭をくれるので、それで酢コンブや梅ジャムを買いました。また、両親はきものとは無縁でしたが、祖母はきもの好きでたくさん持っていたそうです。戦後はきものを売るタケノコ生活でつないだといい、母も「きもののおかげで生きられた」と話していました。私がきものに深く関わることになったことを、祖母は草葉の陰で喜んでくれているかもしれません。

雪の日は長靴を売ってごちそう

１９５７（昭和32）年、私は現在のＪＲ山手駅前から本牧通り方面に一直線に伸びる大和町商店街の裏手にあった明星幼稚園に通い始めました。江戸時代末期、大和町一帯は横浜居留地に駐屯する諸外国の軍隊の射撃訓練場となり、その名残が直線６００メートルの大和町通り、別名「鉄砲通り」です。58（昭和33）年４月からは本牧通りを背に、ビヤザケ通りの坂上にある横浜市立北方小学校に通いました。１８７３（明治６）年に創立された伝統校で、父や兄の母校でもあります。

仕事熱心な靴職人の父と遊びに出かけた記憶はほとんどなく、せいぜい間門海水浴場と横浜公園の横浜開港バザーくらい。このバザーは１９２０（大正９）年に始まった歴史ある催しで、お化け屋敷や見せ物小屋、サーカスなどが出て露店の数も多く、とてもにぎやかでした。

北方小学校2年のとき、友だちから延べ竿《ざお》を借り、港湾病院（現・横浜市立みなと赤十字病院）の近くの黄色い橋（現在の鷗橋付近）でハゼを釣りました。橋の手前の釣り具屋でゴカイを買い、ヨットハーバーではアジやサバ、八聖殿の下の岩場ではアイナメがよく釣れ、釣果はすべて魚屋の娘である母が器用にさばいてくれました。

3年生になると、伝書バトの飼育が大流行。あちこちにハト屋があり、上野町でも「東部愛鳩の会」というサークルができたほどで、私も家の屋根の上にハト小屋を作り、多いときには6羽も飼っていました。

このころはもう自転車を乗り回していましたが、遠出するときはもっぱら歩き。1959（昭和34）年10月、横浜駅西口に横浜高島屋が開店したときも、みんなで歩いて見に行きました。当時から知らないところ、新しいものを見るのが大好きでしたが、まさか将来、ここで働くことになるとは夢にも思いもしませんでした。

昭和30年代の小学生のたまり場は駄菓子屋や銭湯。子ども同士で時間を決め、近所の西の湯や竹の湯へ入りに行きました。ゆっくり温まり、風呂上がりに飲むコーヒー牛乳やフルーツ牛乳は本当においしかったです。近くには本牧劇場、山手劇場、麦座などの映画館

1959年10月、横浜駅西口に開店した横浜高島屋
（高島屋史料館提供）

があり、本牧劇場では「赤胴鈴之助」を見ました。

底冷えがして雪が降りそうな日は、人一倍ウキウキ。雪の予報が出た日に父が荷台に山ほどのゴム長靴を仕入れて戻り、本牧通りに面した池田靴店の店頭に戸板を並べて売り始めればしめたもの。ぬかるんだ本牧通りを難儀しながら歩く人たちが、競うように長靴を買ってくれるからです。

こんな日に私たち兄弟が楽しみにしていたのは、近くの鳥屋で買う大きな鶏の素揚げ。肉を食べる機会がそう多くなかった時代には大層なごちそうでした。年に1度か2度、伊勢佐木町の不二家で食べさせてもらえるホットケーキやクリームソーダも大好きでしたが、育ち盛りの私の記憶には、香ばしい鶏の素揚げの味や匂いが鮮明に残っています。

近くて遠いアメリカ

1964（昭和39）年、私はJR根岸線の山手駅前の高台にある横浜市立仲尾台中学校へ進みました。北方小は明治時代にできた古い学校ですが、仲尾台中は港中学校の分校として設置され、独立校となったばかりでした。

最初に入ろうと思った卓球部にはとても上手な人がいて意気消沈。バレーボールは背の高い人にかなわない。団体競技より個人競技がいいなと思っていたところ、新たに剣道部が設置されることが決まり、私はその初代部長になりました。剣道部はなぜか人気があり、3年生の時は部員が50人近くに増えました。この剣道部の6代目の部長が、「ヨコハマ絹フェス」を一緒にやっている横浜ベイホテル東急総支配人の陣内一彦さんです。

剣道部で仲が良かったのが荒井照夫君と福井信行君。荒井君の家は精肉卸業で、新鮮な臓物の煮込みや七輪《しちりん》で焼いたものをよく食べさせてくれました。中学校の3年間で25センチも身長が伸びたのは、そのおかげかもしれません。

上野町近辺の子どもたちの楽しみは伊勢佐木町で、小学生のころは「へびや」をのぞいたりしていました。今もショーウインドーにヘビの剝製が飾られていますが、「黒田救命堂」という老舗漢方薬店だと知ったのは後のことです。中学生になると、横浜随一の繁華街に足を踏み入れることに、ちょっと大人びた高揚感を感じるようになりました。

私が仲尾台中学校1年生だった1964（昭和39）年にベトナム戦争が始まり、同年末には横浜駅西口にダイヤモンド地下街（現ザ・ダイヤモンド）が開業しました。そしてグループサウンズが大流行し始めた67（昭和42）年、私は兄・喜信と同じ神奈川県立横浜立野高校に進学しました。

ザ・タイガースやザ・スパイダースなどが人気でしたが、私たちの憧れは何といってもザ・ゴールデン・カップス。それは東京オリンピックが開催された64（昭和39）年末、本牧にオープンしたレストランバー「ゴールデンカップ」から生まれた人気バンドだったからです。

全盛期のメンバーは、デイヴ平尾、エディ藩、マモル・マヌー、ルイズルイス加部。ケネス伊東、後にはミッキー吉野、柳ジョージなど、日本を代表するミュージシャンも加入した実力派バンドで、68（昭和43）年に「長い髪の少女」が大ヒット。私たちもよくボーカルのデイヴ平尾のまねをして歌いました。

当時、本牧の一部は在日米軍の接収地で、そこに作られた「小さなアメリカ」は日本人が入ることのできない憧れの場所でした。接収地に隣接していたゴールデンカップは、最先端の音楽やファッションなどの分野で独自のカルチャーを生み出し、東京をしのぐ流行の発信地となっていました。

私は立野高校に本牧通りを走る市電で通っていました。山手警察署の交差点から先は本牧通りに沿って金網のフェンスが張り巡らされ、三溪園方向に向かって海側がエリア1、山側がエリア2。エリア内には学校、銀行、映画館、プール、野球場、ボウリング場、テニ

当時の横浜立野高校周辺の航空写真。フェンスに挟まれた本牧通り（左側、手前で湾曲している道路）を通って高校に通った。山側、エリア２にあるボイラーの大きな煙突が印象的だった＝1970年の卒業アルバムから

スコート、教会、消防署、ガソリンスタンドなどがそろい、大きなＰＸ（物品販売所、現在の本牧宮原住宅付近）もありました。

接収地内には市電の停留所がなく、小港から三溪園前まで延々とフェンスの間を走り続けるのです。普段は入れませんが、高校の10キロマラソンのコースにはエリア２の「アメリカ坂」という急坂があり、日米親善盆踊り大会では一部の道路を歩くことができました。そのうちエリア内のハイスクールの生徒と仲良くなり、音楽やファッションの面でいろいろな影響を受けました。

米軍による接収は82（昭和57）年に解除され、再開発で街の風景は一変しましたが、おしゃれなバーやスタイリッシュな外車が列をなし、インターナショナルな風を感じられた往時の本牧は、高校生だった私に強烈な印象を残しました。

バイトと修学旅行の思い出

高校時代の私は、幼なじみの内藤純一さん（元プロボクサーのカシアス内藤）、清春さん兄弟からファッション面で大きな影響を受けました。彼らは自分でアイロンをかけたシャツを着て、ファッション雑誌のようなコーディネートを決めていました。日米のハーフである彼らとは生活文化が異なるとはいえ、私はそれまでアイロンを持ったこともありませんでした。

彼らの格好良さに憧れ、近くのペンキ屋や八百屋でアルバイトを始め、ズボンやシャツを買いました。といっても野毛の都橋商店街や吉田町など、安くて月賦の利く店ばかりです。県立横浜立野高校（前身は横浜第二高等女学校）の自由な校風も幸いし、私はお金欲しさにアルバイトに明け暮れました。

そのうち関内駅前の横浜センタービル（現・セルテ）で生まれて初めてサウナに入り、

地下にあった立ち食いの10円鮨《すし》を食べ、12階のパブ「カウベル」で踊ることが楽しみになりました。自分で稼いだお金を使い始めると、働いてお金をもらえることが楽しくなり、早朝からJRの桜木町駅前へ行ってバイトを紹介してもらうようになりました。重労働が多いものの、それなりの金額をもらえたからです。

夏休みになると、北方小学校時代の親友・小林ジミ君の代役として横浜共立倉庫の本牧営業所で働きました。冷凍倉庫に山積みされたマグロやクジラを搬出する作業で、寒い上に腕が棒のようになる重労働でしたが、代役の務めを果たそうと一生懸命でした。住友倉庫や三井倉庫、三菱ドックのバイトでは、生ゴムを本船から艀《はしけ》に降ろし、岸壁まで運んでクレーンで持ち上げる作業も経験しました。

お金が貯まると、川崎のフロリダ、関内のアシべ、元町のアストロなどのディスコに出入りするようになり、同級生の押谷進五君、戸部貢君らと中華街のレッドシューズによく行きました。押谷君の兄がこの店に出演しているバンドのリーダーだったからです。

高校生活で記憶に残るのは、高校2年生秋の山陰・山陽地方への修学旅行。新幹線で京都まで行き、天橋立、鳥取、出雲、松江、萩、秋芳洞、広島、尾道、倉敷、姫路、大阪などを6泊7日の旅程で巡りました。鳥取砂丘、宍道湖、出雲大社、秋芳洞、原爆ドーム、大原美術館、姫路城など、名所旧跡を巡った中で、今も忘れられないのは宮島の旅館の部屋割り。私たちともう1班に割り当てられたのは、よくある和名の部屋ではなく、「P1」「P2」でした。

「やった、洋室だぞ！」

ところがそんな部屋は見つからず、通りがかった仲居さんに尋ねてみました。

「非常階段で屋上へ上がってください」

半信半疑で屋上へ出ると、そこにあるのはプレハブ小屋。プレハブの「P」だったのです。部屋が足りずに物置を転用したのか、私たちの素行を懸念して隔離されたのかはわかりませんが、とんだぬか喜びでした。

一事が万事この調子で、およそ見聞を広める旅にはならず、松下村塾の歴史的意義なども当時はあまり理解できていませんでした。吉田松陰の辞世の句「親思う心にまさる親心

横浜立野高校の修学旅行で宮島を訪れた筆者（右端）と友人たち。旅館では「Ｐ１」「Ｐ２」の部屋を割り当てられた＝1968年10月

けふのおとずれ何と聞くらん」に感動したのは、大人になって再訪してからです。

上野町気質と健民少年団

1960年代後半、横浜の若者の間では生バンドの演奏で踊るダンスパーティーが流行していましたが、高校生はダンスホールに入れません。そこで私は卒業記念のダンスパーティーを開こうと、つてを頼って福富町のパブレストラン「ロッシュ」の加藤清マネージャーに1人500円でお願いしました。

もちろん断られましたが、卒業の思い出づくりでみんなに喜んでもらいたいからと説得し、引き受けてもらいました。加藤清さん・恵子さん夫妻とは現在まで50年以上の長いお付き合いが続いています。

格安なのでぜいたくは言えませんが、330人ほどの卒業生のうち、200人以上が生バンドの演奏で踊って盛り上がったのは最高の思い出です。

つい最近も、あるイベントのために奔走しながら、「昔も同じようなことをやっていたな」と苦笑い。誰かを喜ばせたい、人の喜ぶ顔がみたい、そのために一汗かこう、私のそうした行動原理がいつ芽生えたのかと考えてみると、上野町1、2丁目による東部自治会の活動と健民少年団に思い当たりました。

上野町の1年は元日の朝、「旗竿《はたざお》」と呼ぶ国旗掲揚所に住民が集まって日の丸を掲げ、君が代を歌い、町内会長のあいさつで始まります。昔ながらの商店街らしい連帯感があり、子どもたちをみんなで見守り声を掛ける、そんな温かな町なのです。

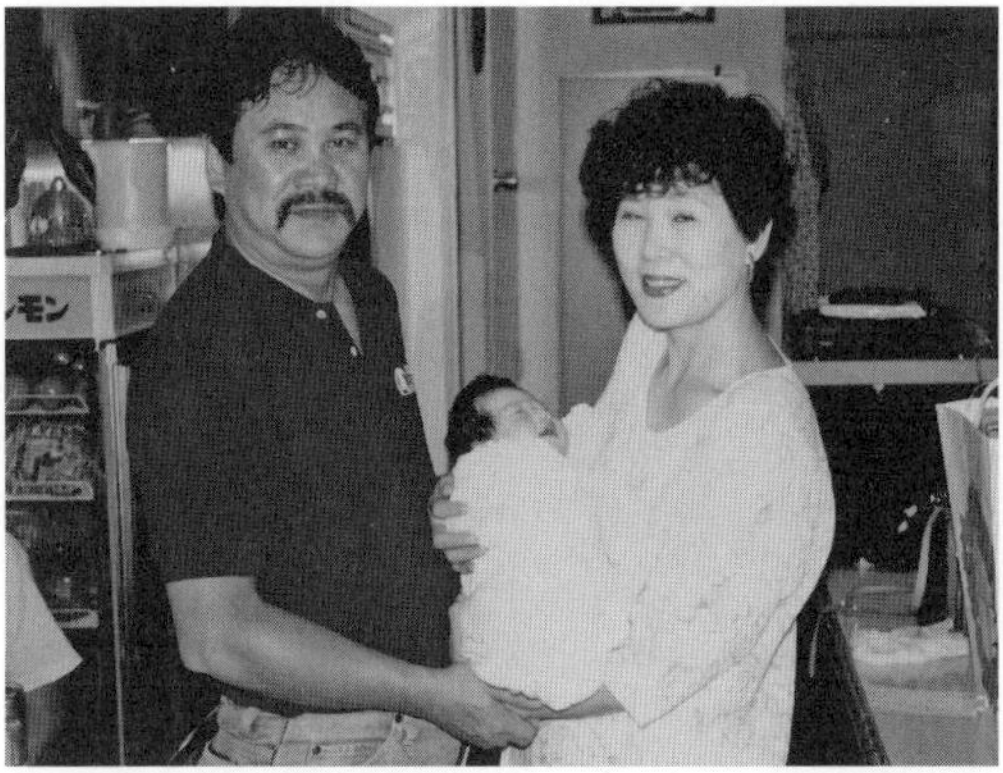

高校生時代からお世話になっている加藤清さん・恵子さんご夫妻。抱かれているのは私の長女華子

大人も子どもも祭りが大好きで、神輿《みこし》を担いだ小学生には銭湯券、中学生になると「三渓楼」か「永楽」のラーメン券がもらえました。年末には青年部が中心になって夜警団を組織するのが恒例で、私も40代になるまで参加していました。

ある会合のとき、たむろして騒いでいる暴走族を注意しようと家を出たものの、人数が多かったので何も言えずに退散したという話をしたら、幼なじみの父親の渡辺久一さんに一喝されました。

「お前が若いころの方がよっぽどうるさかったぞ」

確かにその通りだなと苦笑していると、「この久一おじいちゃんが若いころはもっとうるさかったよ」という声が飛んで大爆笑。そんな和気あいあいの町で育ったことが、私という人間の原点となっています。

町内では祭りだけでなく、旅行、キャンプ、スキーなどのイベントが一年中行われていて、その延長線上に「健民少年団」もありました。健民少年団は１９５０（昭和25）年、横浜市体育課が行った「子供の遊び場」設置運動から発展した全国規模の活動で、上野町の子どもたちのほとんどが中管区（中区）の北方隊に入団していました。公園の清掃などの奉仕活動、スポーツ、野外活動、他都市との交歓活動などが中心で、特にキャンプとスキーが楽しみでした。

1965年ごろ、当時はやったサイケデリックな柄のはんてんを着て、上野町町内会の夏祭りに参加した筆者（右）と兄の喜信。はんてんは町内会が制作した

沼津の我入道のキャンプで豪雨に見舞われたとき、大急ぎでテントの周りに雨水を流す

ための溝を掘るよう指示されました。当時のテントは防水力の乏しいもので大変な思いもしましたが、「なるほど」と感心し、学んだことがたくさんありました。

初めて本格的なスキーをしたのは大穴スキー場（群馬県みなかみ町）。一人ずつ地元の民家に泊まる予定でしたが、私だけ迎えが遅れ、最後の一人になったときは不安でいっぱい。宿泊先の阿部さん一家は親切でしたが、田舎の家の広い部屋にポツンと敷かれた布団の中で、寝付けないほど心細かったです。

入団間もない海辺のキャンプでは、中学生の先輩3人になぜか目を付けられ、ひどいいじめを受けました。上級生が相手で逆らいようもなく、悔しさをかみしめて耐えながら、「自分が上の学年になったらこういうことは絶対なくす」と心に誓いました。

健民少年団には次の四つの綱領があります。それを今でもそらんじているのが私の自慢であり、私の人間としての原点が健民少年団にあることの証しです。

・強い身体をつくります。
・自然を愛します。
・独立心を養います。
・良い社会をつくります。

こうした活動を通じ、集団の中でルールに従って行動することや、先輩が後輩の面倒をみることなどを自然と身に付けていきました。幼いころは大人しく、兄の後ばかり付いて回っていた私が、中学校では剣道部の主将を務め、友人を連れてキャンプに行ったり、卒業パーティーを企画したりするようになったのも、「健民少年団」で培われた資質のおかげだと思います。

父と私の不思議な縁

仲尾台中学校3年生のとき、健民少年団の北方隊1班の班長になった私は、ドイツからやって来た少年団とのバッジ交換会の代表に選ばれました。フライヤージム（横浜公園体育館）で少年団一行を迎え、代表同士が交換したバッジを互いの胸に着け合うのです。交換相手は背の高い金髪の美少女で、向かい合って立つと、どうしても彼女の胸の膨らみに目が行ってしまいます。彼女が先に私の胸にバッジを着け、次は私の番。ところが緊張と恥ずかしさで手が震えてうまく着けられず、整列して見守っていたみんなに笑われてしまいました。

そんなことなどすっかり忘れてしまったころ、隣町の八百屋で父の同級生だった黒川清さんが古い新聞記事を持って来ました。

「懐かしいだろ、こんなのが出てきたよ」

見出しは「岳麓山中湖畔に野営　日獨少年の交歓　ハマの参加代表決定」。日付の部分は切れていましたが、調べてみると１９３６（昭和11）年に日独防共協定が結ばれた後のものでした。38（昭和13）年にヒトラーユーゲント（ナチス党の青少年教化組織）40人が来日し、その歓迎行事として山中湖のキャンプが組まれ、日本側からも相手をする少年たちが選ばれることになったのです。

父・政與とドイツ少年団の交流を伝える1938年の新聞記事（上段の写真右端が父）／右下は、筆者がドイツの少年団の少女と交換したバッジ（奥）と健民少年団イベントでもらったピンバッジ（手前）

記事によると、神奈川県では横浜市の北方小学校と三ツ沢小学校から計５人が選ばれ、北方小の代表が、当時高等科2年生だった黒川さんと父の政與でした。父にどうして選ばれたのか尋ねると、「うちは魚屋、黒川は八百屋だったからだろう」と一笑に付されました。

数えてみると28年の歳月を経ているものの、父も私も同じ14歳でドイツの少年団と交歓する機会を得たのだから何とも不思議です。

父のことは前にも少し書きましたが、よく思い出すのは大みそかのこと。まだ産業道路の開通前で、本牧通りは多くのトラックが行き交っていました。

大みそかには運転手たちが池田靴店の前にトラックを止め、新しい靴を買っていくのです。私と兄は父を手伝い、彼らが捨てていった古い靴を片付け、空になった靴箱を集めてペンキの空き缶で燃やしました。

それが終わる頃には午前零時。横浜港の船の汽笛や妙香寺の除夜の鐘が聞こえると、本牧通りをはさんだはす向かいにあった精肉店の店主が表に飛び出して万歳三唱。その大きな声が響き渡ると上野町の新しい年が始まるのです。ちなみにその精肉店の若主人だった厚浦千尋さんが現在の町内会長です。

最近は商店の数が減ってマンションが増え、上野町といえども、かつてのような地元活動を維持していくことは難しいと実感しています。

住民も入れ替わり、昔のような付き合いは薄れつつあるものの、上野町の良いところは次世代に伝えていきたい、私という人間を形づくってくれた健民少年団のことも、語り続けていきたいと思います。

きものとヨコハマを愛して

高齢化が進む現代社会で「還暦」は人生の通過点にすぎませんが、還暦を過ぎた者同士が集まると昔話に花が咲く。特に横浜生まれ・横浜育ちは、華やかなりし1960年代の話題で盛り上がることが多いのです。

キーワードはかつて本牧から生まれた音楽、車、ファッション、ダンス、ザ・ゴールデン・カップス。そこから2014（平成26）年の横浜高島屋開店55周年に何かやろうという機運が醸成され、秋山弘昭さんの発案で次第に具体化していきました。

そして当時を代表するミュージシャンのエディ藩さん、CHIBOW（チーボー、竹村栄司）さんらに相談しつつ、タレントのキャシー中島さん、関内のサリーズバーのオーナーであるサリー（佐藤和代）さん、若者グループ・ナポレオン党のリーダーの小金丸峰夫さんなどの協力を得て実現したのが、同年8月に「横浜タカシマヤ55周年記念　ヨコハマグラフィティ　ザ・ゴールデン・カップスの時代展」です。

リアルタイムで「ザ・ゴールデン・カップス」を体験している世代をメインターゲットとする一方、若い世代にも60年代の魅力を感じてもらうため、当時の再現にこだわり、特設会場内にレストランバー「ゴールデンカップ」のカウンターや看板、ジュークボックスを設置、当時の若者文化や世相を写真や映像で紹介しました。

中でもザ・ゴールデン・カップスの再結成ライブ「ワンモアタイム」のDVD放映やミニライブ、トークショーでは立ち見や行列が相次ぎ、会場に詰めていた私も熱気に圧倒されました。

開幕前日、私は武田鉄矢さんが司会を務める「昭和は輝いていた」（BSジャパン、現BSテレ東）に、アーティストの浅野順子さん、サリーさんとともにゲスト出演し、横浜について熱く語りました。テーマは「フェンス越しのアメリカ！　横浜・本牧」で、これが良い宣伝になったようです。

その少し前、繊研新聞社から『きもの事典』の執筆を依頼されました。当時の書籍市場の『きもの事（辞）典』は発刊から20年ほど経過したものばかりだと聞き、いまの時代に

Rock Legend & Sparkling Twilight
YOKOHAMA ROCK FES '18 "Rock Legend & Sparkling Twilight"
2018年7月15日(日)
13時開場
14時開演
横浜港大さん橋
国際客船ターミナル ホール
横浜のレジェンドと花火を表現した
「ヨコハマロックフェス」のポスター

合った『きもの事典』が必要だと考えて引き受けることにしたのです。

きものの知識には自信がありましたが、それを言葉にするのは想像以上に難しく、きものアナリストの筒井富朗《とみお》さん、染織に精通した編集者の三村美奈子さんらと協力し、２０１２（平成24）年10月、『新撰《しんせん》きもの事典』の発刊にこぎつけました。さらに私はこの執筆を契機として横浜と絹の関係の深さを再認識し、かつて絹貿易で栄えた横浜の歴史を多くの人に知ってもらいたいと考えるようになりました。その思いが翌13（平成25）年にスタートした「ヨコハマ絹フェスティバル」の開催へとつながっていったのです。

17（平成29）年1月、私は高島屋を退職し「染織五芸　池田企画」を設立しました。高島屋「上品會《じょうぼんかい》」の素旨に由来するもので、きものに向かい合う真摯《しんし》な姿勢を忘れないようにとの思いを込めました。

きものに関する万事を引き受ける覚悟でしたが、頼まれると断れない性分のせいで、17（平成29）年には「ヨコハマロックフェス」の企画・開催を引き受けました。何事も挑戦と思い、出演者との交渉、チケット作成、会場設営、照明・音響準備などに奔走、「みんなが喜んでくれればいい」という一念だけでやり遂げたようなものですが、ライブ終了後に横浜港の夜空を彩った花火はレジェンドにふさわしい演出となりました。

おわりに　～おかげさまの気持ち～

きものとともに歩んだ私のサラリーマン人生は、百貨店の呉服売り場という未知の世界に配属されて始まりました。そこで私が自らに言い聞かせたのは、どんな仕事であっても「好きになる」こと。そして「自分に投資する」「長く続ける」ことです。

当初、きものの知識に乏しく自信もない私は、売り場でしかめっ面をしていたのでしょう。祖父ほどの年代の老舗の社長さんに、「そんな怖い顔してたらあきまへん、ニコニコしてればお客さんは買うてくれまっせ」と言われました。

こうして営業からスタートした私は、特定の顧客を担当する特販課時代にきものの知識を深め、プロフェッショナル意識を養いました。その蓄積はバイヤーになって一気に広がり、東京転勤（高島屋ＭＤ本部）で広さと厚みを増していったと思います。

若いころから京都の老舗通いは自分への投資と割り切り、料亭やお茶屋さんにも足を運びました。家内の貯金に助けてもらったこともありますが、呉服ディビジョン長就任後はそれまでの経験の全てを産地や取引先の方々と心を合わせた顧客創造、オリジナリティーのある製品開発などに注ぎ込むことができたのです。

すでにサラリーマン人生は終盤でしたが、きものの良いところは、長年培った知識や経験が退職後も生かせること。どんな最新の電子機器でもやがて古びて廃棄されますが、きものは親から子へ、孫へと受け継がれ、優れた手作りの品々は時が経つほどに輝きを増していきます。

それにつけても思い出すのは、これまで出会ってきた多くの人々です。時には靴職人だった父の姿を染織産地の職人さんたちに重ね、江戸小紋の藍田正雄さん、古代貝紫の西山和《わ》恆《こう》さんが「カツオが好き」だと聞くと、父もそうだったなと思い出したりしました。職人さんには酒好きも多く、全国各地で酒を酌み交わしながら聴いたエピソードも私にとってかけがえのない財産です。

若いころに訪れた大阪府の呉服《くれは》神社には、応神天皇の時代、呉服《くれはとり》、穴織《あやはとり》という姉妹がこの地に住みつき、機織りや裁縫の技術を伝え、「呉服」という言葉が生まれたと伝わります。そんな神社が私の姓と同じ池田市にあることに不思議な縁を感じながら、同市の蔵元で醸される日本酒の「呉春」を味わう。そんな楽しみを持てたのも、きものに出会ったおかげです。
私を育ててくれた高島屋とお引き立てをいただいたお客さま。そして全国の染織産地や取引先の方々、昔からの友人、支えてくれた家族…。これからも「おかげさま」という感謝の気持ちを忘れず、きものの魅力を長く伝え続けていこうと思います。

2020年　初夏

結城紬《つむぎ》を着る筆者。
長年勤めた横浜高島屋で＝2018年

著者略歴

池田　喜政（いけだ・よしまさ）

1951年、横浜市生まれ。70年に県立横浜立野高校を卒業し横浜高島屋入社。呉服販売・特販担当、バイヤーを経て、高島屋MD本部の呉服DVマーチャンダイザー、呉服DVディビジョン長などを歴任。2017年、染織全般を扱う「染織五芸池田企画」を設立。伝統的工芸品産業に関する経済産業省委員会委員、日本伝統工芸士会作品展審査委員、織田きもの専門学校講師、シルク博物館運営委員。

わが人生18　きもののちから　高島屋の呉服と歩んだ50年

2020年４月30日　初版発行

著　者　池田　喜政

発　行　神奈川新聞社
〒231-8445 横浜市中区太田町2-23
電話 045(227)0850（出版メディア部）

　ISBN978-4-87645-608-6　C0095

神奈川新聞社「わが人生」シリーズ

1 医師ひとすじ　信念を持って　神奈川県医師会会長　田中　忠一
2 スカイラインとともに　S&Sエンジニアリング社長　櫻井眞一郎
3 いつも滑り込みセーフ　横浜高校監督　渡辺　元智
4 湘南の獅子　地域に生きる　湘南信用金庫理事長　服部　眞司
5 大正浜っ子奮闘記　崎陽軒会長　野並　豊
6 かわさき農歓喜　JAセレサ川崎代表理事組合長　小泉　一郎
7 湘南讃歌　俳優　加山　雄三
8 水族館へようこそ　新江ノ島水族館館長　堀　由紀子
9 横浜中華街　街づくりは　たたかいだ　萬珍樓社長　林　兼正

神奈川新聞社「わが人生」シリーズ

10 ヨコハマ邂逅《かいこう》 ものづくり企業の挑戦
神谷コーポレーション会長 神谷 光信

11 生かされて生きる 「捨ててこそ」の実践
時宗法主、遊行74代 他阿真円

12 「未知」という選択 世界のレオ 創造の軌跡
物理学者・横浜薬科大学学長 江崎玲於奈

13 郷土を愛する心 社会奉仕に生涯を
神奈川県観光協会会長・川崎港振興協会会長 斎藤 文夫

14 学ぶ力 働く力 生き抜く力
学校法人柏木学園学園長 柏木 照明

15 凜《りん》として 協働の記録 平塚から
前平塚市長 大藏 律子

16 宝積《ほうしゃく》 人に尽くして見返りを求めず
株式会社「つま正」社長 小山 正武

17 ぬくもり伝えて 「脱・進学校」山手の丘の実践
聖光学院中学校高等学校校長 工藤 誠一

※肩書は出版当時のもの